INTERPRETAÇÃO MUSICAL EM PAUTA

SONIA REGINA ALBANO DE LIMA

Diagramador dos exemplos musicais: Valdemir Aparecido da Silva
Edição das partituras: Viviane Fessel
Textos complementares: Margarida Fukuda e Maria Elisa Risarto
Capa, diagramação e projeto gráfico: Schaffer Editorial

Dados Internacionais de Catalogação na Publicação (CIP)
Bibliotecária Juliana Farias Motta CRB7/5880

L732i Lima, Sonia Regina de Albano

Interpretação musical em pauta / Sonia Regina Albano de Lima. -- São Paulo: Musa Editora, 2020.
168 p.; 17x24cm.

ISBN: 978-65-86629-00-2

1. Biancchi , Walter – Crítica e interpretação. 2. Música - Instrução e estudo – Brasil.2. Música na educação – Brasil. I. Título

CDD 780.70981

Índice para catálogo sistemático:
1. Biancchi, Walter – Crítica e interpretação
2. Música - Instrução e estudo – Brasil
3. Música na educação – Brasil

Impresso no Brasil, 1ª edição, 2020.

Musa Editora Ltda.
Telefones: (11) 3862-6435 (11) 99354-3700 (35) 99892-6554
musaeditora@uol.com.br | musacomercial@uol.com.br
www.twitter.com/MusaEditora
www.facebook.com/MusaEditora
@MusaEditora MusaEditora (@Instagram)

De onde W. Bianchi estiver, receberá essa publicação com a mesma alegria com que recebeu a anterior, em vida. A ele o meu mais profundo agradecimento por todo o aprendizado musical que me repassou no período em que convivemos. Graças a ele pude compreender a força de um ensino musical responsável e o quão importante é levar para a música a nossa essência maior e transcender o tempo cronológico através dela.

De grande valor o auxílio e incentivo das pianistas Margarida Fukuda e Maria Elisa Risarto, para a realização dessa nova publicação, fornecendo importantes relatos e material musical que anexei a este trabalho. Agradeço ainda a leitura atenta deste texto pela pianista e amiga Maria Inês Diniz Gonçalves.

Sumário

Apresentação

Essa publicação contempla relatos de pesquisadores, intérpretes e regentes que de certa maneira fundamentam parte dos ensinamentos do professor Walter Bianchi relacionados à interpretação musical, repassados anteriormente no livro *Uma Metodologia de interpretação musical* (LIMA, 2005). No tempo em que Bianchi atuou como oboísta, professor de instrumento e de música de câmara, veiculou ensinamentos importantes relativos ao processo de interpretação musical tanto para seus alunos, como para os pianistas, cantores, instrumentistas de corda e sopro e estudantes de regência. A metodologia que desenvolveu por mais de 50 anos nos cursos regulares de ensino camerístico e performático de graduação e especialização, nos festivais de música, nas escolas de ensino profissionalizante e no trabalho com diversos instrumentistas foi de extrema importância. Em países estrangeiros empregou os mesmos ensinamentos em cursos de extensão, oficinas de música, *workshops*, *masterclasses* e aulas individuais. Cerca de 300 intérpretes nacionais e internacionais receberam essas imformações, alguns deles foram premiados em concursos internacionais e nacionais de música. Sua metodologia tanto se aplica ao repertório tonal como pluritonal, ela traz ao *performer* a tarefa ímpar de o instrumentista participar do processo interpretativo de forma continuada, dimensionando a sonoridade de cada nota, interligando todas as frases que compõem o discurso musical de forma harmoniosa, equilibrada e natural.

Bianchi foi bolsista do governo dos Estados Unidos no *Curtis Institute of Music,* Filadélfia, sendo discípulo do célebre oboísta franco-americano

Marcel Tabuteau e do pianista Wladimir Sokolov. Lá obteve a especialização em oboé, interpretação musical e música de câmara. Tabuteau foi considerado o fundador da escola americana nos estudos para oboé, influenciando decisivamente os padrões de execução nesse instrumento e elevando o nível de realizações de sopro de madeira em geral.

Ao longo de sua carreira W. Bianchi lecionou no Museu de Arte de São Paulo, na Escola Livre de Música "Pró-Arte", na Academia Paulista de Música, no Instituto de Artes da UNESP, na Universidade Livre de Música, na Escola Municipal de Música e na Faculdade de Música Carlos Gomes. Integrou a Orquestra Sinfônica do Teatro Municipal de São Paulo, Orquestra Sinfônica de Porto Alegre e Orquestra Sinfônica do Estado de São Paulo. Foi Coordenador Pedagógico dos Festivais de Música de Gramado sob a designação do Maestro Eleazar de Carvalho, além de ter ministrado aulas de interpretação musical para regentes de orquestra durante a atuação desse Maestro. Realizou *masterclasses* e seminários de interpretação musical em Portugal, Itália, Suíça, Estados Unidos, Canadá e Japão. Fez parte do Júri do Concurso Eldorado da Escola de Música de Piracicaba e do Instituto Musical Villa-Lobos da cidade de Araçatuba. Também foi produtor e diretor dos programas dominicais *Grandes Concertos para a Juventude*, na TV Gaúcha.[1]

Bianchi produziu um único texto, em formato de apostila, para ofertar aos seus alunos nacionais e internacionais. A apostila contém informações um tanto superficiais acerca de sua metodologia, vez que a riqueza do seu trabalho está centrada nas aulas presenciais que ele ministrou ao longo dos anos. Nelas ele repassava, de maneira bastante prática e objetiva, a maneira como interpretar o repertório referendado pelo próprio aluno. Muitos foram os intérpretes que antes de se apresentarem em recitais ou concertos, traziam as obras a serem executadas, com o objetivo de obterem sua orientação e conselhos interpretativos. Eu mesma submeti a ele parte do repertório que executei ao longo dos anos. Nesse sentido, considero que uma nova edição do livro publicado em 2005, se complementada e atualizada, poderá ser de interesse para os *performers*.

1 Na entrevista realizada em 6 de fevereiro de 1996, o professor Bianchi traz com maiores detalhes o percurso pedagógico e performático que desenvolveu ao longo de sua carreira (Bianchi apud LIMA, 1998, p. 113 a 117)

A publicação que realizei em 2005 traz alguns dos procedimentos interpretativos empregados pelo professor, coletados em entrevistas pessoais, aulas, cursos e depoimentos de ex-alunos. Em sua segunda edição, ela ainda desperta o interesse dos jovens estudantes de instrumento e canto, apesar de não referendar com profundidade questões filosóficas e estéticas relacionadas a performance. Frequentemente tenho me deparado com estudantes de graduação e pós-graduação que me pedem mais publicações nesta área.

Foi muito agradável e providencial receber a carta da pianista Margarida Tamaki Fukuda, datada de 5 de fevereiro de 2015, apontando as semelhanças que encontrou entre a metodologia de interpretação musical empregada pelo professor Walter Bianchi e a pautada no método intitulado *Denken und spielen: Studien zu einer Theorie der musikalischen Darstellug* (Pensar e tocar: estudos sobre uma teoria da representação musical), desenvolvido pelo pianista, pedagogo e musicólogo alemão Jürgen Uhde, em conjunto com a filósofa e pianista Renate Wieland. Tanto a dissertação de mestrado (2002) quanto a tese de doutorado (2009) de Margarida Fukuda estiveram voltadas para a análise desta metodologia.

A carta a mim endereçada permitiu reavaliar o trabalho que produzi em 2005, comparar os pontos em comum dessas duas metodologias, proceder a leitura e análise de novas publicações discutindo questões importantes ligadas à performance, o que, de certa maneira, validou a intenção de produzir uma nova publicação.

A pianista Margarida Fukuda, na carta enviada, mencionou 13 pontos similares nos procedimentos interpretativos desses dois intérpretes que serão discutidos e avaliados no decorrer dessa nova publicação.

O livro de David Blum (2000), descrevendo parte do processo interpretativo de Pablo Casals, os relatos do pianista e regente D. Barenboim (2003,2008), as explanações de Frederich Dorian (1986), de Gerhard Mantel (2010), de Douglas Moore (1988), artigos científicos de diversos autores, entre muitos outros, estão presentes nesta nova publicação. Não espero com essa narrativa outra coisa senão trazer informações que corroboram parte do processo interpretativo do oboista W. Bianchi, indiferente que foi ao formalismo científico, filosófico e estético ligado à área.

Os textos enviados e as conversas informais que tive com a pianista Margarida Fukuda, de maneira alguma esboçam a riqueza de informações contidas na Dissertação de Mestrado e Tese de Doutorado que ela realizou junto ao Programa de Pós-Graduação em Artes da Escola de Comunicação e Artes da Universidade de São Paulo. Para quem deseja compreender com maior rigor a metodologia de interpretação musical empregada por Uhde& Wieland, a leitura desses dois trabalhos é fundamental, mesmo porque minha análise concentrou-se apenas em discutir e avaliar os pontos similares apontados pela pianista na carta que me foi endereçada.

As explanações e os textos produzidos pela pianista Maria Elisa Risarto também foram importantíssimos, pois reforçaram ainda mais a importância do trabalho prático desenvolvido pelo Prof. W. Bianchi.

Os trechos musicais inseridos ao final desta publicação, contemplando parte dos procedimentos interpretativos adotados por Walter Bianchi, não devem ser encarados como uma bula a ser religiosamente seguida, mas sim, um referencial a ser utilizado pelos intérpretes, com o intuito de serem incentivados e sensibilizado a desenvolverem sua própria interpretação de forma expressiva e natural.

Não integram esta publicação as produções musicais do repertório barroco e contemporâneo, tendo em vista a ligação mais profunda que Walter Bianchi estabeleceu com as obras do Classicismo, Romantismo e Modernismo. Sua ligação com esse repertório distanciou-o também das mudanças estruturais ocorridas na música produzida no século XX, a saber:

- a dissolução radical da linguagem tonal iniciada com o wagnerismo;
- a destruição gradativa de uma organização formal tradicional;
- a tendência antirretórica da música, que não via mais a ligação da linguagem musical com a retórica presente na linguagem verbal, levando a neutralização da própria ideia de linguagem;
- o abandono de uma organização temporal de composição que previa um itinerário bem determinado do princípio até a conclusão da obra, situação essa que trouxe ao ouvinte uma sensação de caducidade do tempo, dissolução dos instantes, perda de continuidade e de uma racionalidade de fácil assimilação;

- o abandono gradativo da harmonia funcional já que o acorde na conjuntura atual perdeu em parte, o valor funcional que lhe foi atribuído no passado (FUBINI,2014)

Nesse sentido, o som se converte no centro da investigação musical, há um novo sentido de forma, um novo tipo de expressão, uma certa rejeição da retórica formal clássica. O som individual adquire um peso maior e se transforma em uma unidade autossuficiente sem a necessidade de se vincular a ideia de um desenvolvimento, a melodia desvincula-se da harmonia funcional e se torna mais aberta. A sonoridade passa a ser o novo parâmetro da música em detrimento do tradicional parâmetro intervalar e melódico. De certa forma a música do século XX afasta-se das formas do passado e prega a ausência de uma comunicabilidade musical emotiva como foi no passado. Vejamos a narrativa de E. Fubini com respeito a esse novo contexto musical:

> En este siglo hemos asistido a una de las revoluciones más radicales en el ámbito del lenguaje musical y, por ello, también en la estética musical – o el pensamento filosófico sobre la música, si se quiere -, que ha partido precisamente de este imponente fenómeno para revisar toda la problemática musical. La crisis de la tonalidade, después la dodecafonía y, más tarde, el cuestionamiento de los proprios fundamentos de la obra musical, del concepto de expresión, de comunicación, de sonido musical, etc. han proporcionado abundante materia de reflexión a filósofos y pensadores (FUBINI, 2014, p. 176)

O relato de Thurston Dart (1990), ao mencionar que um intérprete deve conhecer profundamente os símbolos empregados pelo compositor e o significado da obra na época em que foi composta, parece providencial. Ele admite que esse conhecimento se solidifica quando o *performer* detem um alto senso de responsabilidade e conhecimento, pois quanto mais retrocedemos na história, menos indicações estão presentes nas partituras, já que no passado, o compositor, via de regra, era ao mesmo tempo criador e intérprete de suas obras. Uma quantidade de informações sobre a execução da música antiga sobrevive em fontes da época, em tratados específicos sobre a interpretação, prefácios, ensaios, notas marginais e demais documentos; além do mais, os sinais do passado, o andamento, o fraseado e a dinâmica, muitas vezes não se coadunam aos tempos atuais, daí a importância de um intérprete intensificar seus conhecimentos sobre a execução desse repertório. Para T. Dart, a música é ao mesmo tempo, arte e ciência e como toda arte e ciência, não tem outro inimigo a não ser a ignorância (DART, 1990).

Nas entrevistas e aulas que realizei com o professor Bianchi ficou claro que ele não se sentia à vontade para interpretar as obras desses dois períodos, pois elas demandavam a adoção de regras específicas que ele não se sentia à vontade para acatá-las. De certa maneira, a execução de obras do barroco e renascimento o impediam de seguir uma interpretação mais livre, capaz de valorizar com maior ênfase a subjetividade do intérprete, que para ele era de fundamental importância.

A ligação que ele estabeleceu da linguagem verbal com a música e com as leis naturais veiculadas nos tratados cosmogônicos, a sequência frasesológica interligando uma frase musical à frase subsequente, eram alguns dos princípios interpretativos que ele empregava cotidianamente (LIMA, 2005).

Com o intuito de atribuir a sua metodologia maior embasamento teórico, filosófico e interpretativo, discuti e avaliei, mais detalhadamente, questões ligadas a autenticidade, liberdade e fidelidade ao texto musical e os aspectos filosóficos ligados ao processo de execução musical. O capítulo focando aspectos relacionados à fraseologia musical foi o mais extenso, uma vez que W. Bianchi considerava esse quesito de fundamental importância.

De maneira geral, busco nesta nova publicação, fundamentar parte da pesquisa sonora idealizada pelo Prof. W. Bianchi com textos de pesquisadores, regentes e interpretes que discutiram aspectos fundamentais relativas a interpretação e execução musical. Com isso, o *saber fazer* interpretativo adquire um peso considerável e valida um outro tipo de investigação, denominada pelo professor de *Pesquisa Sonora.*

Sonia Regina Albano de Lima
23 de maio de 2019

Pesquisa sonora

> *Na verdade, a minha metodologia é mais uma pesquisa sonora do que propriamente uma metodologia. Ela é aplicada durante a execução. É nesse momento que acontecem as várias interpretações, os inter-relacionamentos de frase, etc.* (Bianchi apud LIMA, 2005, p. 101)

A produção de conhecimento é um atributo humano. O animal traz consigo um número limitado de saberes que lhe permite viver satisfatoriamente neste planeta, ele não busca o conhecimento; sua inteligência é acionada à medida que necessita desenvolver habilidades para sua própria subsistência. O homem, diversamente, produz conhecimento a partir de seus próprios questionamentos; ele é um eterno questionador e ao tentar encontrar soluções para as suas inquietudes, produz conhecimento.

É na relação que o sujeito estabelece com o objeto a ser investigado que se consolida o conhecimento humano. Tal afirmativa fundamenta-se nos relatos do metafísico Nicolai Hartmann, considerado um dos principais representantes do realismo crítico do século XX, quando afirma que o sujeito e o objeto são sempre correlatos um ao outro e por isso inseparáveis. Ele não atribui ao sujeito uma força autônoma em relação ao objeto investigado. O filósofo e pedagogo John Dewey – um dos principais representantes do pragmatismo filosófico – corroborando essa afirmativa, afirma que admitir a existência de um sujeito cognoscente independente da investigação e anterior a ela, significa supor algo que é impossível de se verificar empiricamente e, portanto, não passa de um preceito metafísico (ABBAGNANO, 2000, p. 931-932).

Não obstante, é relevante afirmar que o conhecimento produzido pelo sujeito cognocente é incapaz de revelar toda a realidade que acerca o objeto investigado[2], ele revela somente aquilo que estabeleceu na relação funcional e discursiva que arquitetou com o objeto. Esta relação, por sua vez, está subjugada a um tipo de linguagem, seja ela, verbal ou artística, e o conhecimento produzido a partir dela não é igual para todos os indivíduos, já que os seres humanos sentem e pensam de maneira diferente.

Dessa forma, razão e sentidos são as duas fontes humanas de onde brotam os saberes, sejam eles, científicos, artísticos, religiosos, filosóficos ou outro qualquer. O predomínio de uma fonte em detrimento da outra, ou a fusão de ambas, vai consolidando os diversos saberes que, ao longo da história, são partilhados, formando as diversas teorias epistemológicas.

Ao mesmo tempo em que o homem produz conhecimento, sente a necessidade de ordená-lo e classificá-lo. Nesse intento, cria compartimentos de saberes similares entre si, fracionando-os em unidades específicas e independentes. A medida que ele constrói esses compartimentos, afasta-se da unidade cognitiva que acerca o universo e este conhecimento fragmentado e específico torna-se uma força que transita no mundo, regulada por leis próprias. Esse comportamento gera diferentes níveis de complexidade, o fracionamento do conhecimento universal e, requer do indivíduo diálogos cada vez mais extensos entre e além dos saberes já conquistados, todos eles produzidos por meio de pesquisas, que, via de regra, fundamentam-se em bases científicas ou apenas consolidam novos saberes.

Ezequiel Ander-Egg (1978, p. 28) define pesquisa como um procedimento reflexivo sistemático, controlado e crítico, que permite descobrir novos fatos ou dados, relações ou leis, em qualquer campo de conhecimento. Rummel (1972, p. 3) por sua vez, confere à pesquisa um duplo significado: em um sentido amplo ela engloba todas as investigações especializadas e completas; em sentido restrito abarca os vários tipos de estudos e de investigações mais aprofundadas (In: MARCONI & LAKATOS, 2017, p. 1- 2).

2 O termo realidade indica o modo de ser das coisas existentes fora da mente humana ou independentemente dela. O termo oposto à realidade é idealidade, que indica o modo de ser daquilo que está na mente e não pode ser ou ainda não foi incorporado ou atualizado nas coisas (ABBAGNANO, 2000, p. 831)

As diferentes modalidades de pesquisa (científica, filosófica, artística, sociológica, histórica, religiosa, entre outras) são constituídas levando-se em conta o campo de conhecimento em que ela é empregada, sua finalidade, sua forma, os métodos e procedimentos adotados. Sua classificação é determinada pelo tipo de problema ou questionamento investigado. Nas pesquisas é que o indivíduo encontra respostas para os seus questionamentos, daí sua importância na cadeia cognitiva. A pesquisa permite ao ser humano produzir, reproduzir, conservar, sistematizar, organizar, transmitir e universalizar o conhecimento. J. Dewey define esta modalidade de trabalho como a transformação controlada ou dirigida de uma situação indeterminada em outra determinada nas distinções e relações que a constituem, de tal maneira que os elementos da situação originária são convertidos em uma totalidade unificada (ABBAGNANO, 2000, p. 584).

A necessidade de obtermos conhecimentos mais seguros e precisos consagrou a pesquisa científica como o modelo mais acertado de desenvolvimento da ciência, mesmo assim, outras formas de pesquisa coexistem lado a lado, entre elas, a pesquisa em artes e de maneira mais especial, a pesquisa sonora.

O raciocínio, seja científico ou não, é que consolida qualquer formação de conhecimento, pensamento ou inferência. Lucia Santaella, embasada nos enunciados de Peirce, confirma a existência de três tipos de raciocínio: o abdutivo, o indutivo e o dedutivo. Embora essas modalidades sejam interdependentes, sempre haverá a predominância de um raciocínio em detrimento do outro na composição das diversas ciências e na formação do conhecimento (SANTAELLA, 2001).

O raciocínio abdutivo reporta-se a um ato criativo advindo do homem que se alicerça na possibilidade de levantar uma hipótese explicativa para um fato surpreendente - um *insight* ou uma conjectura. Trata-se de um raciocínio que ao mesmo tempo é instintivo e racional e possibilita ao homem adivinhar corretamente as leis da natureza e a hipótese correta a partir de uma inferência lógica. Está presente na arte, na ciência e na vida cotidiana. No campo científico segue determinados passos: a observação criativa de um fato; a inferência que tem a natureza de uma adivinhação; a avaliação da inferência reconstruída. Embora ele seja o pivô de todas as descobertas humanas, fonte de todas as verdades e de todas as mentiras, apresenta-se como o argumento mais frágil na cadeia de raciocínios. É um raciocínio meramente preparatório - o primeiro passo de um raciocínio científico – considerando-se que a indução é o passo conclusivo. Pautada na publicação *Peirce's theory of abduction*, de K.T. Fann (1970), Santaella relata que na cadeia científica, a abdução busca uma teoria enquanto a indução busca fatos. Ela não leva à adoção de hipóteses como opiniões finais, portanto, a probabilidade, que é um traço do raciocínio indutivo, afeta a abdução de forma indireta (SANTAELLA, 2001).

Gonzalez e Haselager, em artigo publicado na Cognitio (2002, p. 22-31), relatam que a abdução se constitui em um modo de inferência onde se estrutura o raciocínio criativo. Também embasados em Peirce, consideram a mente um sistema dinâmico, cuja atividade central é a produção de hábitos. Estes, por sua vez, quando fortemente consolidados, constituem as crenças. Entretanto, no pensamento criativo as crenças bem estabelecidas podem ser abaladas por dúvidas ou surpresas que precisam ser testadas, originando novas crenças que substituirão as anteriores. Esse processo de interrupção e abandono de uma crença não ocorre por acaso; ele exige que alguma experiência se contraponha às expectativas, o que vale dizer que a interrupção de uma crença pode ocorrer mediante o surgimento de uma nova experiência. Essa nova experiência produz na mente um efeito que pode ser ativo ou passivo. No primeiro caso, aquilo que se percebe conflita positivamente com as expectativas; no segundo, não havendo nenhuma expectativa positiva, acontece algo inesperado que não havia sido previsto. Sob o efeito da surpresa, que abala as expectativas produzidas por crenças já estabelecidas, dúvidas estimulam a mente a investigar até que essas desapareçam, permitindo que novas crenças bem estabelecidas sejam reinstaladas ou criadas. Nesse processo, hipóteses explicativas podem transformar uma situação surpreendente em uma situação corriqueira.

A inferência abdutiva não fornece garantias absolutas sobre sua validade; ela serve para guiar a mente na tentativa de se libertar das dúvidas. Gonzalez e Haselager, assim como Peirce, consideram a abdução um tipo de faculdade instintiva natural. Ela se assemelha aos instintos dos animais à medida que ultrapassa os poderes gerais da razão, direcionando-os além do alcance dos nossos sentidos. O papel do raciocínio abdutivo no pensamento criativo está diretamente relacionado à geração, mudança e expansão de um domínio de crenças que consolidam um hábito:

> Tal expansão ocorre quando mentes criativas se confrontam com problemas – a mente, em sua tendência de operar com formas de crenças bem estabelecidas vivencia a percepção de anomalias e problemas insolúveis no domínio das crenças disponíveis. Surpresas e dúvidas iniciam o processo abdutivo de geração e seleção das possíveis hipóteses que poderiam solucionar os problemas em questão, Assim, como um tipo de herística, a abdução constitui um guia para a expansão de crenças (GONZALEZ; HASELAGER, 2002, p. 26).

Sendo a abdução uma forma de *raciocínio criativo*, é importante relatar que a criatividade, enquanto fenômeno humano, cumpre o mesmo percurso dos demais esquemas de raciocínio, ou seja, as primeiras ideias, ainda em estado pré-consciente, precisam tomar alguma forma apreensível pelo aparato racional, submeter-se a algum tipo de linguagem (palavras, fórmulas ou símbolos), para posteriormente serem ordenadas. O autor Silvio Zamboni assim se pronuncia quanto à criatividade humana:

> [...] o mecanismo criativo ocorre de uma forma preponderantemente intuitiva, enquanto o racional necessita de elementos enumeráveis, comparáveis, ordenáveis. O que ocorre frequentemente dentro de um processo de trabalho criativo é a existência de sequencias de momentos criativos (intuitivos), seguidos de ordenações racionais. Ao longo de um processo de trabalho criativo existe uma dinâmica intensa de trocas muito rápidas entre o intuitivo e o racional; procura-se algo, e, através de um *insight* (intuitivo) vem a solução, passa-se a ter elementos sob forma passível de ser controlada pelo intelecto, os quais são ordenados. Na sequência, surge outro problema, novamente um *insight*, e assim por diante... Dessa maneira se dá forma a uma ideia. A criação, na realidade é um ordenamento, é selecionar, relacionar e integrar elementos que a princípio pareciam impossíveis (ZAMBONI, 1998, p. 29),

Zamboni relata que a criatividade, enquanto pensamento, está presente tanto nas ciências como nas artes em geral; nela a subjetividade surge tanto na forma de trabalhar como na maneira de encontrar soluções criativas. A diferença entre uma criação e outra concentra-se no processo de trabalho fundamentado em um determinado paradigma e no conhecimento acumulado de quem realiza a obra. A essência da criatividade está no fato de ela trazer para o pensamento algo novo que foi encontrado para solucionar alguma coisa e só depois de encontrado vai delinear o caminho a percorrer.

Nas artes a criatividade tem importância capital, ela não é mensurável, é assimilada por impulsos intuitivos e de difícil tradução verbal, têm a mesma importância conferida às ciências, considerando-se que as atividades relacionadas ao conhecimento humano giram, de um lado, em torno de um componente lógico, racional e inteligível, e de outro, partem de um componente intuitivo e sensível. A diferença básica entre uma forma de conhecimento e outra é que o resultado apresentado pela ciência não pressupõe e não suscita maiores questionamentos quanto aos métodos sensíveis e intuitivos que interferiram no processo geral do produto científico. Nas artes, diversamente, o sensível, embalado por impulsos intuitivos, vai além do processo de criação artística, pois faz parte do caráter multissignificativo da obra de arte, sempre apresentado ao interlocutor como parte integrante de sua significação. A esse interlocutor é que cabe a recepção da obra de uma forma própria e pessoal (ZAMBONI, 1998, p. 8).

Zamboni relata que a arte não necessita de um raciocínio discursivo para se expressar. Na grande maioria, os processos criativos apresentam-se em forma de *insight* e dessa maneira, não têm como explicar logicamente a obtenção de seus resultados. A conscientização desses procedimentos só se faz presente à medida que a criação vai ganhando uma forma.

Complementando essa argumentação, Anton Ehrenzweig analisa o papel que o inconsciente desempenha no controle da subestrutura da arte:

> O trabalho criador consegue coordenar os resultados entre a indiferenciação inconsciente e a diferenciação consciente e assim deixa a descoberto a ordem oculta do inconsciente. [...] O estudo da subestrutura inconsciente da arte e dos processos de triagem na ciência oferece a oportunidade necessária para observar as técnicas criadoras do ego e o modo pelo qual este faz uso da estrutura dispersa e da percepção do inconsciente. O caos do inconsciente é tão desalentador quanto o da realidade externa. Em ambos os casos necessitamos de técnicas menos diferenciadas de visão inconsciente para nos apercebermos da sua ordem oculta. Na esfera da criatividade, as realidades internas e externas sempre serão organizadas em conjunto pelo mesmo processo individual. Também o artista tem que enfrentar o caos em sua obra antes que a triagem inconsciente resulte na integração de seu trabalho e ainda na de sua personalidade (EHRENZWEIG. 1967, p.20-21).

Se pensarmos em uma pesquisa artística, vamos perceber que ela é bem mais especulativa, mais particularizada, menos pragmática e não pressupõe uma aplicabilidade social imediata. Ela, na maioria, trabalha com abstrações mentais e conceitos que não priorizam a construção de leis gerais com aplicação social (ZAMBONI, 1998). Em alguns casos a pesquisa artística pode até se predispor a buscar soluções pré-determinadas, atingir problemas direcionados, ou produzir conhecimentos de aplicação social, entretanto, a falta desses pressupostos não invalida o seu trabalho. Na grande maioria, a pesquisa artística vislumbra como resultado, a análise dos processos de criação e os procedimentos relacionados à manufatura da própria obra de arte. Enquanto pesquisa, projeta-se em sua própria trajetória e comporta um alto índice de intuição comparada à pesquisa científica:

> Em arte, a conclusão de uma pesquisa assume feição diferente. A apresentação dos resultados não é verbalizada, mas faz parte da própria obra de arte realizada. [...] A interpretação dos resultados da pesquisa em arte não converge para a univocidade, mas para a multivocidade, uma vez que cada interlocutor deverá fazer a sua interpretação pessoal e proceder uma leitura subjetiva para analisar o resultado da pesquisa contida na própria obra de arte. Diferentemente da ciência, a arte tem um caráter pessoal de interpretação, garantido pela plurissignificação da linguagem artística (ZAMBONI. 1998, p.58-59).

Assim dito, é relevante afirmar que a criação artística, como processo de conhecimento, espelha a visão pessoal do artista, da mesma forma que a criação científica reflete a visão pessoal do cientista. A diferença entre uma obra e outra não está no ato criativo, mas no processo de trabalho fundamentado em um determinado paradigma e no conhecimento acumulado de quem realiza a obra (ZAMBONI, 1998, p. 30).

Se considerarmos a ligação que o raciocínio abdutivo tem com a criatividade, não é difícil imaginarmos que a abdução se configura como um dos raciocínios mais presente no campo das artes. Como esta presente publicação está voltada para questões que envolvem a interpretação e a execução musical, não vamos nos deter nos demais tipos de raciocínio (dedutivo e indutivo) por estarem mais voltados para a consolidação das ciências. De maneira geral, o estudo das atividades artísticas prevê atitudes mentais que privilegiam de modo mais intenso a intuição e a subjetividade, portanto, desenvolvem com maior frequência padrões de raciocínio abdutivo. A linguagem da arte é basicamente a linguagem do inconsciente, e nesse sentido, não tem estreita ligação com o pensamento analítico utilizado largamente nas ciências. Esta linguagem faz uso recorrente do raciocínio abdutivo e do raciocínio analógico.

Sendo a linguagem e o pensamento fenômenos interligados e interdependentes, que apresentam uma relatividade que se processa no própro ato de pensar e de tramistir um determinado conhecimento, podemos entender em que proporção essa relatividade confere à arte uma plurissignificação. Nesse sentido, cabe à pesquisa artística a difícil tarefa de traduzir verbalmente os fenômenos artísticos, promover uma constante atualização dos critérios de análise e personificar o objeto pesquisado a partir de um interpretante; trata-se de uma investigação que está em constante mutabilidade e que nem sempre necessita identificar rigorosamente as operações mentais e técnicas que a consolidam. O conhecimento artístico é produzido por uma lógica interna que independe de comprovação, o que o diferencia do conhecimento científico; seu valor independe de validação. No conhecimento artístico, intuição e razão tem uma interação dialética. Freire & Cavazotti assim se pronunciam com respeito à pesquisa em artes:

> A ciência não pode "validar" a arte, pode, apenas, contribuir para a reflexão crítica sobre ela, gerando fundamentos teóricos que, ao retornarem à prática, podem contribuir para um fazer artístico mais denso. Tocar, reger ou compor, por exemplo, são dimensões do fazer musical que podem se nutrir dos trabalhos de pesquisa e se transformar a partir deles (FREIRE & CAVAZOTTI, 2007, p. 16)

Por sua vez, Zamboni (1998) considera que toda pesquisa busca de forma sistemática algum tipo de solução com o fim de descobrir ou estabelecer fatos ou princípios relativos nas diversas áreas de conhecimento e por ser uma atividade sistemática requer sempre um método que implica premeditação e racionalidade; entretanto, nem sempre a pesquisa é fruto do racional, as vezes ela intercala procedimentos racionais e intuitivos na busca do conhecimento almejado. Exemplo dessa prática está centrado na pesquisa artística que é permeada de inúmeros fatores não racionais e não controlados pelo intelecto, portanto, ela emprega caminhos menos diretos para a concretização das soluções objetivadas, entre eles, a especulação. Zamboni define a especulação, ou o método da desordem experimental, como o fazer para ver o que vai dar - o acaso. Ela não é um método de pesquisa pelo seu descompromisso com uma situação que exige uma resposta, entretanto, tem validade em um processo global de produção artística:

> Muitos artistas, possivelmente a maioria, fazem da especulação sua verdadeira base de atuação frente às atividades artísticas. Esses artistas não têm um problema claro a propor, não possuem um método de pesquisa, buscam soluções sem saber previamente o que procuram, e, no entanto, através da especulação, liberam as suas intuições e podem encontrar soluções plásticas de real valor. [...] Na especulação não existe a obrigatoriedade de premeditação, pode-se iniciar um trabalho sem um reflexão prévia, sem ideias claras e caminhos traçados. [...] Normalmente os artistas puramente intuitivos têm muita dificuldade em elaborar um projeto de trabalho antes da execução do mesmo, isto ocorre porque nessas atividades não existe uma premeditação que desemboque num método organizativo de trabalho (ZAMBONI, 1998, p. 45-47).

Se nos concentrarmos na pesquisa em música, vamos verificar que ela promove reflexões críticas tanto sobre seus fundamentos teóricos, como em sua dimensão estética e nas suas práticas musicais focadas no tocar, cantar, reger e compor. Em 31 de agosto de 2018, durante a realização do XXVIII Congresso Anual da ANPPOM, participei da reunião de coordenadores dos PPGs de Música, quando foi redigido um texto para ser encaminhado à CAPES pelos pesquisadores e professores de música *Marcelo Lima, Aloysio Fagerlande, Marcos Puppo, Marcos Nogueira, Sérgio Figueiredo, Luciana Del Ben, Marcio Guedes Corrêa, Valério Fiel, Rogério Costa, Rosane Cardoso, Regina Antunes.* O documento teve o intuito de cooperar com o processo de discussão e atualização contínuo dos métodos, instrumentos e procedimentos avaliativos da CAPES na área de artes, especificamente aqueles voltados para a música. Transcrevo parte dessa redação, pois define com clareza as características, objetivos e modalidades de pesquisa em música.

O texto aponta para o fato das artes, principalmente a música, ser uma área heterogênea e comportar ferramentas de pesquisa próprias, desenvolvidas a partir de modelos interdisciplinares que têm como base a administração, a veiculação e a produção de conhecimentos específicos e objetos de arte, enriquecidos pelos olhares e filtros dos pesquisadores dos mais diversos campos de produção e pensamento: da educação às artes, da sociologia à antropologia, da história às questões identitárias, da matemática à informática, da física à biologia, da ciências da saúde à educação, da psicologia às neurociências. No intuito de manter o diálogo com o Documento de Área da Capes e atualizar as características da subárea *Música* em razão das demandas e ações atuais, estes pesquisadores propuseram três grandes campos da pesquisa em música: *Formação, Processos Criativos e Estudos Teóricos,* campos que se articulam e se intersectam continuadamente. É importante frisar que esses pesquisadores lidam continuadamente com situações em que a produção musical é transpassada por esses campos, independentemente da especificidade da pesquisa realizada.

O texto em questão relata que a *Formação* engloba reflexões tanto do fazer musical quanto das múltiplas facetas dos processos de ensino e aprendizagem na área. Em ambos os casos, tanto o olhar parte de dentro para fora do universo de produção, quanto de fora para dentro, visando a compreensão das diversas comunidades de produtores. Estes olhares multidirecionados contribuem não apenas como forma de apreensão dos fenômenos, mas também são propulsores de novos modelos de criação artística, pedagógica e geradores de novos métodos e novas ferramentas de pesquisa, teoria e práticas.

Em música, a *Formação* também é um campo de ação ao ser tomado como processo de pesquisa que se encontra em contínua reinvenção e renovação. Os *Processos Criativos*, por sua vez, abarcam as práticas de criação musical, de modo geral, as teorias que ora delas emergem e ora as provocam. Composição, improvisação, interpretação, performance, modelos notacionais e de escrita, análises dos processos e reflexões visam não apenas resguardar práticas consagradas, como também renová-las e produzir práticas novas. Tal como o campo da *Formação,* encontra-se em contínuo processo de realimentação, práticas desenvolvidas a partir da pesquisa voltam-se sobre si mesmas procurando sempre realocar seus centros, reconstituir suas bases, reestruturar os discursos. É imprescindível, nesses casos, a autocrítica criativa, a vivência reflexiva e o diálogo com diversas esferas da produção de conhecimento. Já, com relação aos *Estudos Teóricos*, estes perpassam tanto a *Formação* quanto os *Processos Criativos.* Diferentes estratégias de pesquisa e perspectivas intradisciplinares são a base de um diálogo para a produção de conhecimentos críticos, reflexivos, especulativos, conceituais entre saberes diversos sobre uma diversidade de fenômenos musicais. Estes três grandes campos sustentam, dão razão de ser, provocam, reterritorializam continuamente os objetos de estudo e caracterizam a música como área de pesquisa.

Assim dito, as pesquisas em música configuram-se tanto nas práticas artísticas quanto na produção de teorias, seja na forma de artigos, dissertações ou teses, sendo que as teorias podem tanto se basear nas práticas como delas resultar. Práticas e teorias são o fluxo contínuo da produção de saberes em música que se retroalimentam constantemente. Esta retroalimentação se processa por meio de modelos pedagógicos, eles mesmos, frutos deste contínuo ir e vir em que a reflexão se constrói no fazer e as construções teóricas resultam de diálogos com áreas diversas.

Seus produtos têm formatos diversos: textos, concertos, shows, gravações, vídeos, exposições, aulas, cursos e outros. Os artigos são avaliados a partir dos critérios estabelecidos pelo *Qualis Periódico*; livros e capítulos a partir do *Qualis Livro*; aulas em cursos de curta duração, comunicações em congressos, palestras, entre outros, a partir de *Qualis Eventos*; a produção artística, concertos, shows, composição, arranjo, são avaliados pelos critérios indicados no *Qualis Artístico.* Estas pesquisas perfazem o núcleo de produção da Área Artes/Música e é a partir dos resultados alcançados que os impactos científicos e sociais podem ser apreciados. Na pesquisa em música a inovação é constante, entendida sempre a partir da produção de abordagens diferenciadas para assuntos recorrentes, bem como pela produção de novas teorias a respeito de práticas, técnicas e métodos de produção e ensino, ou a criação de novas práticas artísticas, seja no campo da interpretação e performance, seja nas subáreas de composição e arranjo.

Assim exposto, podemos considerar que a pesquisa sonora enunciada por Walter Bianchi se configura como um estágio preliminar de pesquisa musical, tendo em vista a formação performática desse professor. De alguma forma, essa modalidade de pesquisa é capaz de subsidiar investigações mais avançadas por parte dos pesquisadores, intérpretes e regentes. Reconhecendo-se que a execução e a interpretação musical se formatam em um *fazer artístico* contínuo, a tarefa de compreender esse desenrolar torna-se prioritária para que se estabeleça parte da normatização e se contemple mais a fundo os princípios técnicos, estéticos e filosóficos que compõe este fazer, principalmente, quando o processo põe em evidência aparentes dualidades.

Embora a pesquisa sonora não tenha como escopo a produção de um texto escrito, o processo de experimentação a que está subordinada, é capaz de subsidiar boa parte dos procedimentos interpretativos musicais e embasar pesquisas artístico-musicais diversas, permitindo estudos mais intensos sobre questões que envolvem a prática musical. Assim, boa parte do trabalho interpretativo produzido pelos intérpretes durante o estudo e a execução de uma composição, quando refletido e investigado, pode motivar a realização de inúmeras pesquisas relacionadas à performance, conferindo a esta subárea o *status* de pesquisa.

Considerados esses argumentos e tendo em vista o convívio duradouro ao lado deste professor – um prático por excelência - é que me proponho a produzir uma nova publicação relatando seu agir interpretativo. Esta tarefa será complementada pela análise de trabalhos e metodologias já publicados nesta área, mais especificadamente a metodologia de interpretação musical desenvolvida por Uhde & Wieland (FUKUDA, 2002), o que permitirá trazer para o futuro, relatos importantes voltados para a performance e interpretação musical.

Da interpretação musical

> *Eu acredito que, quando tudo corre bem no palco, quando se estabelece uma interdependência permanente e constante entre a execução e a expressão -, o conjunto se torna indivisível. E isso é místico, porque é a mesma ideia de religião, de Deus: de repente existe uma coisa que você não consegue mais dividir. De certa forma essa é a experiência de fazer música. Não é religiosa no sentido de rezar, mas é comparável à religião no sentido de que não se pode dividi-la. E, quando isso realmente acontece, acredito que o ouvinte atento e sensível consegue perceber. É isso que quero dizer como místico* (BARENBOIM, 2003, p.160).

Nos últimos anos as pesquisas envolvendo a interpretação musical tem crescido consideravelmente, muito em função dos trabalhos produzidos nos programas brasileiros de pós-graduação em música. Nos sites de busca consultados, observa-se que boa parte das investigações produzidas nesta área estão direcionadas a análise interpretativa de uma ou mais obras musicais. Via de regra, elas norteiam o intérprete a produzir uma execução similar àquela retratada no texto escrito, sem priorizar um comportamento reflexivo por parte do interprete que lhe propicie criar a sua própria interpretação. As menções didáticas destinadas a auxiliar os intérpretes na execução de qualquer produção musical ainda são um tanto escassas. Nesse sentido, discussões voltadas para essa temática merecem destaque, pois possibilitam aos jovens intérpretes utilizar um referencial capaz de auxilia-los em suas execuções de forma mais objetiva e clara.

Foi com esse intuito que me propus a rever e reavaliar a metodologia de interpretação musical do Prof. Walter Bianchi, decorridos mais de

10 anos da primeira publicação; discutir questões relevantes circunscritas à interpretação musical e refletir sobre os 13 itens apontados pela pianista Margarida Fukuda como similares entre a metodologia do Prof Bianchi e a metodologia de interpretação musical desenvolvida pelo pianista, pedagogo e musicólogo alemão Jürgen Uhde, em conjunto com a filósofa e pianista Renate Wieland, exposta na publicação intitulada *Denken und spielen: Studien zu einer Theorie der musikalischen Darstellug* (Pensar e tocar: estudos sobre uma teoria da representação musical). Seguem os 13 itens apontados pela pianista, assim relatados:

1. A busca de equilíbrio entre teoria e prática;
2. A interação da liberdade criativa do intérprete e a fidelidade ao texto escrito;
3. A procura de uma interação contínua no processo de "fazer " e pensar a interpretação. A Interpretação musical não está nem no arbítrio do intérprete, muito menos nas informações gráficas da partitura. Ela é a conjunção desses dois universos que estão em constante fruição (LIMA, 2005, p. 23);
4. Incorporações de princípios que permitem criar procedimentos interpretativos mais flexíveis e individualizados, que possibilitam uma participação mais integrada do intérprete na obra musical (LIMA, 2005, p. 92);
5. A metodologia do Prof. Bianchi é mais uma pesquisa sonora do que propriamente uma metodologia. Ela é aplicada durante a execução. É nesse momento que acontecem as várias interpretações e os relacionamentos de frases (LIMA, 2005, p. 46);
6. Interpretação – esquema aberto e não fechado (LIMA, 2005, p. 98/99);
7. Nada em interpretação é errado ou certo, depende da emoção de cada intérprete;
8. Princípios gerais da metodologia: a questão de sensibilidade. É a maneira como eu sinto aquele trecho ou aquela frase musical (LIMA, 2005, p. 106);
9. A interpretação musical é um progresso contínuo, uma evolução; estar sempre a caminho (LIMA, Ibid, p. 110);
10. O som é um fenômeno físico e, portanto, também é energia (LIMA, Ibid, p. 99);
11. Busca de uma qualidade sonora diferenciada (LIMA, Ibid, p. 67);

12. A importância de se estabelecer a coerência em cada frase musical. Quando as frases musicais estão equilibradas, a interpretação torna-se mais coerente e as dificuldades técnicas desaparecem LIMA, 2005, p. 35: FUCHS, p. 19 e 33).
13. A inflexão correta do traçado melódico que busca os pontos de tensão e repouso da frase musical é de fundamental importância, uma vez que leva o ouvinte à melhor compreensão do texto executado (LIMA, 2005, p. 70).[3]

A metodologia de Uhde & Wieland foi estudada e avaliada pela pianista Margarida Fukuda tanto em sua dissertação de mestrado como em sua tese de doutorado. O referencial metodológico percorrido pela pianista tomou como paradigma de análise o termo *Zeitgestalt*, assim pensado:

> A ideia de *Zeitgestalt*, por sua vez, vem fundamentada ao pensamento de Adorno, Bergson, Kurth, Dahlaus, Zuckerkandt, Üexküll. Ela concebe a forma como processo temporal sobre a qual deve o intérprete agir. Entre os inúmeros aspectos da Interpretação abordados no livro, a pesquisa concentra-se, fundamentalmente, em seu método de análise das *Zeitgestalten* (FUKUDA, 2002, resumo s/p).

Em artigo publicado no ano de 2006, Fukuda declara que o objetivo principal do trabalho veiculado por Uhde e Wieland foi o de auxiliar o intérprete na compreensão da estrutura da música contida na partitura:

> A partir da análise da relação dialética entre as partes e o todo no interior de um processo musical, os autores buscam criar uma unidade dinâmica na fluência dos sons [...] Da percepção desse processo temporal dependeria a articulação de dois dos principais meios de expressão de que dispõe o intérprete para a execução de uma obra musical, determinante para a respiração na música: a dinâmica e a agógica. [...] Dessa forma, não se trata aqui de um estudo para aplicação mecânica, mas de um estudo reflexivo e experimental, tendo por base a própria fundamentação teórica de Uhde & Wieland (FUKUDA, 2006, p. 613-617).

3 Na carta endereçada, que se encontra no anexo, a referência bibliográfica citada contém o nome do professor Bianchi e não o da autora, considerando-se o intuito de caracterizar ainda mais o tratamento interpretativo auferido por este professor.

Segundo Fukuda (2002, p. 30) o método desenvolvido por Uhde & Wieland auxilia o intérprete a adquirir coerência no processo de execução a partir da percepção da estrutura fundamental da música contida no texto de uma partitura. Tem como ponto de partida a análise da tensão interior da menor unidade de sentido e sua inter-relação com o todo. Fukuda relata que Uhde & Wieland admitem que cada som dentro de um processo musical possui sua vida individual, fluindo em cada um deles uma energia expressiva, sutilmente diferenciada. A continuidade sonora neste processo só é alcançada quando a dinâmica do todo atuar sobre os sons isolados e quando o impulso do todo partir desses mesmos sons. Então, cada som representa um momento em que está contido passado e futuro, ou seja, um presente contínuo, no qual em seu início já atua o final, e o final guarda dentro de si o começo. A função do intérprete seria realizar a síntese do tempo, fazer com que no som atual esteja presente tanto o passado como o futuro. (FUKUDA, 2002, p. 160-62). Sua pesquisa de mestrado discute mais enfaticamente as seguintes questões: Quais seriam as **implicações analítico-interpretativas** encerradas nos sinais de dinâmica e agógica já predeterminados em uma partitura? Como trabalhar esses **elementos não fixados** por escrito? Como sentir os **fraseados, a dinâmica e os movimentos de arcos** contidos na partitura?

Na introdução de sua dissertação, Fukuda afirma desconhecer até aquele ano, métodos de análise musical voltados para a prática interpretativa. Para ela, o trabalho de Jürgen Uhde e Renate Wieland traz meios suficientes para que os intérpretes possam compreender cada um dos elementos contidos em uma produção musical; descreve com detalhes como se processa a passagem de um elemento ao outro e a maneira como devemos interpretar os sinais impressos e não impressos na partitura. Essas diretrizes auxiliam em muito o intérprete a produzir signos e sentido performático à obra interpretada, partindo de uma intuição e raciocínio próprios (FUKUDA, 2002, p. 1-2). Assim exposto, podemos dizer que suas pesquisas de mestrado e doutorado detêm, de certa maneira, a mesma função didática presente no livro que publiquei em 2005, considerando-se que o intérprete musical deve desenvolver ações capazes de desvendar a riqueza sonora que habita a obra musical durante a execução. Nesse sentido o *performer* revela tanto o que está contido na partitura quanto aquilo que não está contido nela, mas que é parte essencial da obra.

Em igual medida, o professor Bianchi não vê com bons olhos uma execução circunscrita apenas ao que está contido em uma partitura. Para ele a interpretação é um processo que depende da relação objetiva e subjetiva que o intérprete estabelece com a obra antes e durante a execução. Como ele mesmo afirma: "Música não é como uma fórmula matemática. Ela tem algo de espiritual, ela precisa ser sentida. [...] É importante a reflexão no processo interpretativo, você não pode introduzir regras sem refletir sobre elas" (BIANCHI, apud LIMA, 2005, p. 112-114).

Esse pensamento é corroborado pelas afirmativas da pesquisadora Maria Teresa de Oliveira Fonseca na sua dissertação de mestrado intitulada *Criatividade e Interpretação musical: percepção de elementos criativos na interpretação pianística:*

> O processo de interpretação musical é um processo de construção através da participação activa e do envolvimento do indivíduo com a obra musical, e não meramente uma cópia do produto musical do compositor, e que envolve processos de decisão, manipulação, discriminação, identificação de motivos, da descoberta do significado e função desses motivos dentro da composição [...] O facto de não existir uma interpretação arquétipa, que sirva de modelo a todas as outras, que resuma todos os aspectos que oferece uma obra, demonstra que não pode haver uma perspectiva absoluta acerca de uma obra musical, uma visão ou interpretação única. A possibilidade de múltiplas interpretações é essencial, uma vez que não existe uma teoria de interpretação musical que seja consensual, no sentido de englobar as diferentes perspectivas relacionadas com o conceito (FONSECA, 2003, p. 120-123).

Muitas das falas de W. Bianchi apontam para a importância de o intérprete desenvolver uma boa percepção auditiva no sentido de cumprir as indicações de dinâmica e andamento contidas na partitura. A escuta musical é a tônica do seu trabalho, é ela quem determina a intenção interpretativa da obra musical. Nesse sentido, o texto musical deve ser respeitado sempre que for fiel à manifestação do ideal expressivo sugerido pela obra musical, caso contrário, caberá ao intérprete, por meio de uma percepção auditiva desenvolvida, buscar recursos que atendam com maior eficácia a satisfação desse ideal. Bianchi considera prioritário ao *performer*, tanto o desenvolvimento de uma boa percepção auditiva como o estudo preliminar da obra que será executada. Esses dois atributos garantem que o performer manifeste com êxito o ideal musical veiculado na partitura.

O pianista e regente D. Barenboim consolida esse entendimento ao relatar que ao intérprete musical é dada a responsabilidade de uma execução que extrapola os ditames presentes na partitura: "A partitura não é a peça. A peça é o que você efetivamente traduz em som" (BARENBOIM & SAID, 2003, p. 49).

Este autor menciona que a tarefa primordial de um intérprete consiste em revelar a essência da obra ao ouvinte e ao mundo, fato que trará dignidade, ressignificação e perpetuidade para a produção musical executada. A partitura não tem vida ativa se desprovida de um intérprete que lhe dê exequibilidade. A música é uma arte efêmera, fugaz, que se dissolve nos limites da duração imposta pelo seu criador, portanto, necessita de um intérprete que lhe conceda a permanente possibilidade de continuar a existir. Mesmo as produções de tradição oral necessitam de um intermediador que lhes dê vida. Como relata Paulo do Couto e Silva: " [...] a partitura, não é a obra; música é som e não sinal, e a partitura não é mais do que a música em estado meramente virtual" (COUTO E SILVA, 1960, p. 5).

D. Barenboim (2008) vê a música como uma expressão sonora. Ainda que o som não seja a música ele é o meio de transmitir a mensagem e o conteúdo musical. O conteúdo musical só se articula a partir do som que detém características múltiplas: características matemáticas, poéticas e sensual, vez que é interpretado por seres humanos que expressam seus mais íntimos pensamentos, sentimentos, impressões e observações. Destarte, o som musical tem uma relação contínua com o silêncio que o precede e um tempo limitado de existência. Ele nasce do silencio absoluto e não permanece no mundo *ad eternum*. Cabe ao músico trazê-lo ao mundo e manipular o silêncio de forma a deixa-lo mais ou menos volumoso, ter maior ou menor duração. É sob esse contexto que são criadas as músicas, que, via de regra, se encontram materializadas em uma partitura. Esta se configura como um guia para o executante, contudo o material nela contido deve ser decodificado, mediado e executado pelo intérprete. Sendo assim, o intérprete detém um papel fundamental na transmissão dos elementos contidos na obra e se conecta com diversas possibilidades que vão se modificando no transcorrer do percurso executório, a partir de descobertas, revelações, verificações, correções e muitas outras possibilidades advindas.

Fonseca (2003) relata que cada época traz em si uma concepção de interpretação e nela está presente um contexto histórico-cultural. A obra musical evolui no decorrer de sua trajetória para além do seu tempo e a interpretação, de modo similar, movimenta-se de uma maneira fluente sob este contexto. Portanto, a interpretação de uma obra musical deve se situar entre o contexto da criação, na personalidade do compositor, na sua evolução, nos acontecimentos que inspiraram a obra e no meio histórico-cultural em que ela foi inserida. Desta maneira, no processo interpretativo sempre haverá uma cumplicidade entre o criador e o intérprete, fato que propiciará em cada execução o nascimento e a revalidação da obra:

> Um dos problemas básicos da interpretação reside precisamente em chegar ao "espírito" da obra (processo difícil que engloba pesquisa e estudo), inscrevendo-se o problema interpretativo numa latitude de parâmetros quase que ilimitada. De facto, a interpretação apresenta a vertente subjectiva do intérprete e a vertente objectiva, isto é, a partitura (que é subjectiva em relação ao compositor) (FONSECA, 2003, p. 119-120).

Acompanhando esse raciocínio, os autores Winter e Silveira admitem que a interpretação e a execução de uma obra musical pressupõem a realização de escolhas e que, dependendo dessas escolhas, surgem a multiplicidade de interpretações da mesma obra. Essas escolhas, por sua vez, são fundamentadas por um conjunto de conhecimentos teóricos, instrumentais, histórico-sociais, estilísticos, analíticos e são pautadas em práticas interpretativas de uma época, tratados organológicos e iconográficos (WINTER & SILVEIRA, 2006, p. 67). Sob essa perspectiva, os processos e metodologias interpretativas devem ser avaliados, analisados e valorizados, a fim de possibilitar aos instrumentistas um sólido conhecimento e uma prática musical consistente.

Nesse sentido, cada um dos capítulos que compõe esta publicação tomou como referencial os 13 itens esboçados pela pianista Margarida Fukuda na carta que me foi enviada. Um deles discute a fidelidade e liberdade criativa que circundam uma interpretação musical, outro vai analisar mais intensamente a frase musical, outro ainda, evoca a importância de o *performer* desenvolver uma interpretação natural e equilibrada. Também trago aos leitores, trechos musicais com interpretações sugeridas por W. Bianchi e anexos contendo os depoimentos das pianistas Maria Elisa Risarto e Margarida Fukuda, que de certa maneira complementam os relatos até então produzidos. Não trouxe ao leitor a íntegra das partituras musicais escolhidas, apenas os trechos contendo os procedimentos interpretativos indicados pelo professor Bianchi. Esses exemplos devem ser tomados como uma das possibilidades interpretativas, mas não a única.

Diante dessas alegações, espero nesta publicação estar cumprindo os objetivos propostos para a realização dessa nova edição o que poderá ampliar ainda mais a discussão e análise de questões importantes envolvendo a execução e a interpretação musical. Publicações relevantes, relativas a esta temática, deixaram de compor essa edição, entre elas as de Gisèle Brelet, que dedicou boa parte de seu tempo produzindo livros sobre interpretação e execução musical.

Muito há ainda a ser discutido e analisado, mesmo assim, presumo que esta publicação poderá subsidiar parte de pesquisas produzidas pelos estudantes de pós-graduação, bem como pelos *performers* e pesquisadores que trabalham com essa temática.

Fidelidade e liberdade criativa na interpretação musical

La capacidad de captar la sustancia de la música implica la voluntad de iniciar una búsqueda que no tiene fin. La tarea del músico que ejecuta una pieza, por tanto, no es expressar o interpretar la música como tal, sino convertirse en parte de ella (BARENBOIM, 2003, p. 60).

Na carta enviada por Margarida Fukuda, os três primeiros tópicos apontados estão bastante imbricados, ou seja, os signos notacionais presentes na partitura exigem da parte do intérprete um conhecimento teórico que lhe permita decifrá-los com exatidão, mas também deve estar presente uma liberdade de expressão da parte do intérprete, capaz de evocar o que vai além deste signo, bem como a essência da obra. Para tanto, cabe ao *performer* interligar esses dois universos: a escrita musical e a essência da obra. É nesta ação que se consolidam as múltiplas formas de executar a obra, a sua ressiginificação e permanência histórico-musical.

Gerhard Mantel, no livro *Interpretación: Del texto al sonido* (2010), enfatiza a importância de o intérprete propagar uma execução similar ao que está veiculado na partitura. Ele considera primordial que um *performer* reconheça as notas e as indicações contidas na escrita musical com o intuito de promover uma interpretação mais segura: " Sobre la base de una sólida técnica de ejecución emerge la sensación de seguridad interpretativa y simultáneamente brota el deseo de que la imagen de la interpretación buscada pueda también ejecutarse y repetirse sobre el escenario con el menor número posible de divergencias" (MANTEL, 2010, p. 29). Contudo, em vários pontos desta publicação fica evidenciada a participação um tanto subjetiva do intérprete em determinadas questões e exemplos musicais ofertados.

O pianista e regente Daniel Barenboim, contrariando essa tendência um tanto inflexível de Mantel alerta-nos da relevância de o intérprete trazer para a obra musical, algo a mais do que nela está escrito: "Es imposible emocionarse con la música sin enterderla, como es imposible ser racional sin emoción; de nuevo un claro paralelismo de la música con la vida" (BARENBOIM, 2008, p. 25). Para esse pianista e regente, o intérprete, no momento da execução, deve ter a sensação de que ele e a peça são inseparáveis, deve sentir a obra como parte de sua pessoa (Ibid, p. 70). Esses dois relatos nos conduzem para uma única certeza, o simples conhecimento teórico da partitura e uma interpretação puramente objetiva não traz à luz a essência de uma obra musical; contudo, a execução musical desprovida de conhecimento teórico também é incapaz de traduzi-la. Desta maneira a escrita contida na partitura é insuficiente para revelar o potencial sonoro que uma obra musical abriga e exige do intérprete um conhecimento e sensibilidade musical que lhe permita, de forma instintiva ou até intuitivamente, transformar o som ali transcrito em um meio de expressão.

A música não produz significações cognitivas concretas como a linguagem verbal, suas significações são abstratas. Em uma obra musical estará sempre presente o conflito entre a intuição e a razão, a emoção e o intelecto, a subjetividade e a objetividade, a espontaneidade e a arquitetura musical, a expressão e a sua forma. Nesse sentido, tanto Uhde & Renate Wieland como W. Bianchi entendem que esses fenômenos, aparentemente contraditórios entre si, são processos que sempre devem estar interligados e integrados. Essa visão interpretativa se intensifica quando a obra musical estabelece uma relação entre a música e um referencial externo. Segundo Lluis X. Álvarez (1986) essa dificuldade ocorre devido a escassez de imagens icônicas que a música proporciona em relação a abundância de símbolos que ela possui. Este autor fornece inúmeros exemplos desta realidade; a citar a obra "Cantos guerreiros e amorosos" de C. Monteverdi, quando as vozes masculinas imitam de forma estilizada, o trote dos cavalos com a letra "*tutti a cavalo*". Outro exemplo está contemplado na Sexta Sinfonia de L. V. Beethoven (A Pastoral), que em diversos momentos busca representar a vida campestre. Vejamos o que este autor relata acerca das cavalgadas presentes em algumas obras de L. Mozart:

> Algunas "cazas" de L. Mozart incluyen "cabalgadas" (a cargo de la sección de viento), "perros" (violines" y "golpes de fusta" (percusión). A su lado el passaje de la "*Pastoral*" es más estilizado: los contornos fisiognómicos de las trompas de caza se diluyen rapidamente cuando a continuación, en *diminuendo*, los violines recogen el tema (do-la-la) y lo depositan, transformando en tema puramente musical, en el oboé primero, en el clarinete después, y finalmente en el corno (de la línea 9 a la 14). Cuando los fagotes y los cornos son "trompas venatórias" la música es *icónica*, pero cuando el fagot acompanha al tema intramusical del clarinete (*la,re,fa sostenido, re, do,etc)* con el mismo diseño con que antes fingía una trompa, ya es mero acompañamiento intramusical [...] Es oportuno aqui el pensamento de Alain, desarrollado también por S. Langer: "No basta decir que la música expressa sentimentos, habría que decir que los hace" (ALVAREZ, 1986, p. 237-39).

Peter Hill, em capítulo produzido no livro de John Rink (2017), intitulado *De la partitura al sonido*, afirma que a compreensão de uma obra musical não se limita apenas a resolver questões técnico-musicais; outras devem ser palco de análise. Como exemplo, ele cita as obras musicais que foram escritas contemplando poesias e textos literários. Nesses casos a relação de reciprocidade entre uma linguagem e outra deve ser devidamente observada. A canção de Debussy intitulada *L' ombre des arbres, Ariettes oubliées,* tomou como referência a poesia de Paul Verlaine. A relação que P. Hill estabeleceu entre a poesia e a canção foi relatada em seu texto. Vejamos o que diz o texto poético:

L'ombre des arbres dans la rivière embrumée
Meurt comme de la fumée,
Tandis qu'en l'air, parmi les ramures réelles,
Se plaignent les tourterelles.

Combien, ô voyageur, ce paysage blême
Te mira blême toi-même,
Et que tristes pleuraient dans les hautes feuillées
Tes espérances noyées![4]

4 Tradução: A sombra das árvores no rio enevoado morre como fumaça, enquanto no ar, entre os chifres reais, reclamam as rolas. Quanto, ó viajante, esta paisagem pálida fará você se empalidecer, e quão tristes e tristes foram suas esperanças de chorar!

Segundo P. Hill, o motivo principal da canção está formado por duas harmonias iniciais que oscilam entre acordes de 7º, separados por um trítono sobre do# e sol bequadro, que de certa maneira traduz a imagem que o poeta conferiu ao seu poema. Posterior a isso, o mi#, comum aos dois acordes, atua como uma espécie de horizonte análogo a superfície da água, que mais adiante é enfatizado com o fá bequadro no 5º compasso, quando a harmonia muda para uma 9ª menor sobre mi, para atender ao discurso amargo presente na frase ("Meurt comme de la fumée"). Segundo Hill, ao utilizar essa harmonia, o compositor conseguiu estabelecer uma relação clara com o poema.

Na segunda metade da composição, tanto a música como a poesia seguem caminhos distintos. No poema, Verlaine utiliza a imagem da natureza como uma metáfora da condição humana atribuída ao personagem em questão, ou seja, um viajante cuja palidez se assemelha a palidez da paisagem (a sombra das árvores refletida no rio enevoado), quando vê suas aspirações se perderem nas profundidades da água. Essa resignação, entretanto, não é a mesma adotada pelo pianista, que avança vertiginosamente com eloquentes sequências cromáticas.

Na canção, enquanto a voz da cantora se apaga ao cantar "Tes esperances noyées", a harmonia segue em sol. Para finalizar, esse atoleiro harmônico é tranquilizado por uma harmonia em Do# maior, enquanto o horizonte (Mi#) segue com calma na voz superior. Dessa forma, a desesperança contida no poema, é amenizada na música pela serenidade e a aceitação desse quadro harmônico (HILL, 2017, p. 160). Essa foi a maneira como Peter Hill descreveu a relação que Debussy estabeleceu entre o poema e a música, outras tantas descrições podem ser formuladas, o importante é retratar que uma obra musical contempla diversas formas de análise, não só a musical, para tanto, Hill apresenta outros 2 exemplos de composições de Mozart e Beethoven, instrumentais por excelência, que necessitam ser analisadas com perfil similar, abordando aspectos extra-musicais de análise (HILL, 2017). Segue a partitura 'L'ombre des arbres, Ariettes oubliées de Debussy. Na partitura transcrita não foi inserida letra da composição:

Voz
Piano
Lent et triste
pp
sf
p
ppp
sempre dulcissimo
cresc....
un poco striagendo

IN: RINK, 2017, p. 162-163

Para Morais e Silva (2016), um dos fundamentos estruturantes da interpretação musical pode ser apreendido por meio da hermenêutica filosófica, não a hermenêutica que discute os textos sobre os quais são compostas as canções, mas aquela onde a música obtém a sua palavra, já que esta arte também se manifesta como uma das formas de pensamento. Para ele a hermenêutica filosófica possibilita ao pesquisador, fazer perguntas que extrapolam uma interpretação musical que se reduz a uma questão iminentemente técnica. Ela é um procedimento que adapta o conhecimento a cada situação que exige uma explicação. "Musicalmente, a interpretação não é uma compreensão que incide sobre a partitura, mas entre esta e cada caso concreto de sua interpretação [...] O problema da interpretação não é como ela deve ser feita, mas as razões pelas quais ela é aceita" (Morais e Silva, 2016, p. 184).

Morais e Silva admite que uma experiência artística deve superar a dicotomia entre reflexão e ação, entre prática e teoria, entre conhecimento e atividade, em uma noção holística que explica porque é possível deduzir o cabedal de conhecimento de um músico, simplesmente ao ouvi-lo tocar. Isso só é possível porque a arte da interpretação musical tem a particularidade de ser, em essência, hermenêutica, isto é, uma formulação cognitiva voltada tanto para o objeto interpretado quanto para os próprios fundamentos interpretativos (Ibid, p. 187).

Segundo este autor, o interprete apresenta em sua ação, mais do que a obra, ele integra em sua execução a sua própria concepção, seja ela consciente ou inconsciente. Na verdade, ele traz a público a consciência que teve do material musical contido na obra executada: "Não há compreensão somente com a compreensão "da obra", é necessário ter compreendido a tradição interpretativa em que estão imersos a obra e o intérprete, e isto é o que dá à interpretação o caráter temporal, tornando possível a pluralidade das interpretações" (Ibid, p. 188).

Esse processo hermenêutico de interpretar uma produção musical extrapola uma ação puramente metodológica, pois exige do intérprete, uma crítica interna e revisão constante dos fundamentos que alicerçaram sua execução. Em capítulo que publiquei em 2005, afirmo que a hermenêutica como modo de compreensão, processa-se em um movimento circular de investigação, onde se estabele a dialética entre o objeto interpretado e o intérprete, sem demarcações pré-determinadas, de maneira que, ao se desvelar o objeto, ocorre simultaneamente o desvelar do intérprete. A hermenêutica não se limita só à compreensão do objeto investigado. Nela o intérprete explora o horizonte do objeto para além de sua textualidade, visitando outros pontos de referência, ela é inovadora e criadora, uma vez que confere novos significados ao objeto de pesquisa, vasculha os significados sugeridos pelo texto ou obra de arte, mas também explora o universo que se manifesta nele. Pautado no relato do pesquisador e educador interdisciplinar Joe de Assis Garcia (2000), assim me manifesto com relação a hermenêutica aplicada à interpretação musical:

> Ela envove o *perceptum* e a explicação das pré-concepções e expectativas do intérprete ou investigador. Nela o intérprete deve estar disponível para compreender o objeto pesquisado sob múltiplas perspectivas, além daquelas que anteriormente determinaram sua compreensão. Na verdade, a investigação hermenêutica é um movimento de auto-conhecimento e flexibilidade, onde o intérprete recorre à criatividade, à inventividade e revela

> certas disposições para transpor os limites interpretativos já existentes [...] Ela não cria outro discurso, mas promove uma leitura ampliada do objeto investigado. Na investigação hermenêutica o intérprete deve resgatar a especificidade da sua trajetória, a historicidade que se insurge ao objeto, o seu modo de pensar e agir que emerge dessa compreensão. Não se trata apenas de demonstrar o que um texto ou objeto tem para abordar, mas compreender a singularidade desse objeto pesquisado, suas interrelações com outros temas, bem como, participar da mensagem nele corporificada (LIMA, 2005, p. 94-95).

Vários pesquisadores e estudiosos tem discutido a importância de o intérprete musical trazer para sua execução a fidelidade notacional presente na partitura e deixar fruir nessa ação a multiplicidade de sentidos e significados que ela, enquanto obra, pode manifestar, seja para ele intérprete, seja para o ouvinte que, via de regra, no ato de escuta, não está conectado com o texto escrito. Essa questão foi mais intensamente avaliada por Margarida Fukuda em sua dissertação de mestrado e é apontada pela pianista, como um dos pontos comuns nas metodologias de Uhde & Wieland e de Bianchi (vide item 2). Na dissertação ela procura responder às seguintes questões: Como deveríamos trabalhar as formas sonoras em movimento a partir de um texto musical? Como apreender a obra em sua estrutura? Como buscar o equilíbrio entre as dualidades intuição/razão, emoção/intelecto? De que maneira devemos adequar em uma execução musical os fatores ligados a dinâmica, ao andamento, a harmonia, os níveis de volume e densidade sonora, a fim de se obter um resultado sonoro de excelência? (FUKUDA, 2002, p. 21). Os argumentos alí presentes obrigam uma leitura atenta de sua pesquisa e em diversos momentos, corroboram parte dos ensinamentos do Prof. Walter Bianchi.

O processo interpretativo prescrito por Uhde & Wieland, segundo relato da pianista Margarida Fukuda, deve ser uma erupção advinda do interior da obra. Quando o intérprete consegue escutar e transmitir o que a estrutura musical enuncia, ele é capaz de expressar aquilo que outra arte não seria capaz de anunciar, sem recorrer a qualquer recurso de imagem. Nesse sentido, a interpretação musical é sempre uma forma aberta de ação o que se traduz no exposto no item 9 da carta que me foi enviada, ou seja, a interpretação musical é um processo contínuo, uma evolução, um estar sempre a caminho (FUKUDA, 2002, p. 22).

O teórico musical Joaquín Zamacois (1979), também admite que um intérprete consciente deve incorporar em sua execução o espírito musical e artístico de um determinado contexto histórico, a essência estrutural da obra, as diretrizes estilísticas referendadas, a estética dominante, além das emoções e sentimentos expressos pelo compositor no processo de criação, circunscritos em uma perspectiva própria, fato que diferencia um interprete do outro e confere a uma determinada obra, inúmeras interpretações e uma constante ressignificação. Assim dito, não basta ao intérprete a destreza técnica, nem um conhecimento teórico relevante se ele não conseguir se comunicar com a essência da obra a ser executada.

Nos argumentos expostos até o presente momento, fica expresso que os processos interpretativos não estão devidamente traçados em uma partitura musical, a notação ali produzida não contempla o movimento performático necessário para que essa obra seja executada com esmero. Sinais de dinâmica, formas de articular o som e mesmo a indicação de andamentos não são suficientes para determinar a maneira como uma peça musical deve ser interpretada. As vezes até a pontuação rítmica empregada na partitura exige, por questões estilísticas, estéticas e de tradição histórico-musical, uma execução diversa daquela que está impressa. Paulo Couto e Silva retrata essa realidade, bem presente no repertório barroco:

> Frequentemente eles (os intérpretes barrocos) alteravam os valores das notas escritas, executando a composição em ritmos diversos dos consignados no original. Com o tempo essa prática tornou-se até convencional, principalmente na música francesa e alemã, e Quantz assim relata lucidamente a maneira como ela se realizava: "Sempre que for possível, as notas principais devem ser acentuadas mais do que as notas de passagem. Segundo essa regra, as notas mais rápidas em peças de tempo moderado e em *adagio* deverão ser tocadas como que desigualmente, embora pareçam ter o mesmo valor, sobre essas notas, nomeadamente a primeira, terceira, quinta e sétima deve-se demorar um pouco mais do que nas outras, que são a segunda, quarta, sexta e oitava, mas essa demora será menor do que o valor que aquelas notas teriam se fossem pontuadas" (COUTO E SILVA, 1960, p. 53-4).[5]

5 Não será abordado nesta publicação a interpretação de obras da Renascença e do Barroco, já que elas comportam regras interpretativas específicas. A interpretação da música antiga é assunto dos mais complexos. Thurston Dart (1990, p. 6-7), como já mencionado anteriormente, em suas conclusões relata que é impossível a alguém que vive hoje, ouvir música antiga com os ouvidos daqueles que a ouviram ser executada pela primeira vez.

Thurston Dart (1990), corrobora a adoção de procedimentos específicos quando da execução de um repertório anterior ao classicismo:

> O intérprete, assim como o editor, deve descobrir tudo o que conseguir sobre como a música de antigamente era executada por músicos de então. Eles a conheciam muito melhor do que o músico atual e, felizmente, não confiavam apenas na tradição oral para passar adiante o que sabiam. Uma quantidade enorme de informação sobre a execução da música antiga sobrevive em fontes da época, não apenas em tratados específicos sobre o problema da interpretação, mas também em prefácios, ensaios, notas marginais, quadros, esculturas, miniaturas e descrições em verso e prosa dos concertos, festividades, serviços religiosos e produção musical amadora (DART, 1990, p. 9).

Herman Keller, no livro *Phrasing and Articulation: a contribution to a rhetoric of musica* (1973) traça uma sutil relação entre o que expressa a música e a poesia. Ambas comportam um sentido e uma expressão sob perspectivas diferenciadas. Na poesia o sentido ocupa sempre o primeiro lugar, na música, os elementos expressivos (timbre, movimento, dinamismo, articulação) impressionam bem mais do que a temática que determina o seu sentido. Na música, uma mera transmissão de sentido não é suficiente, além do que, uma execução correta necessita de uma eloquência emotiva para que a obra tenha algum tipo de impacto interpretativo. Herman cita como exemplo, o aprendizado da harmonia, que em última essência revela como devem ser construídos os acordes e como eles se relacionam, contudo nesse estudo não está contida a significação expressiva que determinados acordes contextualizados podem propiciar a uma frase. O mesmo ocorre com o contraponto que ensina a construir e compor as diversas linhas melódicas, mas não se preocupa com a significância expressiva das frases que o contraponto vai construindo. Os signos musicais são capazes de expressar a altura, a gravidade, a duração, o movimento, o dinamismo, o ritmo, a articulação, o que muitas vezes é difícil de as letras expressarem no seu alfabeto. Contudo, a obra musical contempla uma eloquência emotiva que precisa estar expressa no ato de execução e isso só se torna possível quando o intérprete extrapola a técnica notacional presente na partitura.

Inúmeros procedimentos interpretativos seguem uma condução estilística embasada em comportamentos estéticos não expressos na partitura. A obra musical comporta noções estilísticas impossíveis de serem grafadas em uma partitura, além de noções determinadas por padrões históricos e culturais que se alicerçaram ou vão se alicerçando ao longo dos tempos. Cabe a nós indagar em que medida a interpretação musical deve estar subjugada a esses valores e até quando um intérprete pode tomar decisões interpretativas que se sobrepõem ao próprio texto escrito e, por vezes, são bastante subjetivas e até mesmo inconscientes.

Há que se considerar, entretanto, a impossibilidade de o intérprete seguir com a execução de uma obra musical adotando um cunho extritamente subjetivo. Maria Teresa de Oliveira Fonseca assim se expressa quanto a esse fato:

> Ainda que em certos redutos de ignorância possa predominar a ideia de que a interpretação depende apenas de uma intuição aguçada mais pela experiência e pela facilidade mecânica, e se possa aceitar o resultado obtido por repetidas tentativas de ensaio e de erro como o único caminho para se chegar à realização artística plena, um significativo número de autores, tais como, Dunsby (1989), Rosen (1992), têm procurado demonstrar a crucial importância do conhecimento da estrutura da análise no processo interpretativos [...] A interpretação implica, também, o exercício de um pensamento penetrante e analítico do estilo, da construção musical da obra e do que contém cada som para poder trazer para o mundo audível e visível o que na obra musical, enquanto partitura, é invisível e silencioso. [...] só se pode obter resultados positivos no trabalho sobre a imagem estética, quando há um constante desenvolvimento intelectual, musical e artístico. [...] A performance musical é o meio pelo qual a estrutura se materializa para o ouvinte. Tudo o que a interpretação pode gerar, designadamente os sentimentos, é consequência da obra, estando para além dela. A exteriorização viva e artística deve surgir das profundas vivências do ser, e é nelas que o intérprete deve receber a obra musical. [...] A concepção da interpretação como expressão de sentimentos não é suficiente. A emoção que a música pode gerar não é, necessariamente, a mesma que está na obra e que o intérprete deve encarnar (FONSECA, 2019, p. 121, a 123).

É nesse sentido que fica exposta a dupla natureza da obra musical: a física e a espiritual. A física expressa a materialidade sonora de uma composição mediante a inserção de signos musicais validados pela tradição ou pelos próprios compositores na partitura a ser executada. Essa materialidade também está presente na transmissão de uma criação musical não escrita ou mesmo na improvisação momentânea de uma ideia musical. A natureza espiritual, por sua vez, contempla a subjetividade do intérprete, do signo musical, da própria obra, seu momento histórico, sua cultura, sua territorialidade (LIMA, 2016, p. 123-136).

Uma boa interpretação abriga esses dois mundos em igual proporção e de maneira integrada. Essa realidade aponta para a necessidade de um intérprete equilibrar a decodificação dos signos musicais, mas também traduzir a subjetividade contida na obra, bem como suas características estilísticas. Não cabe ao intérprete desconhecer a estrutura de uma obra musical, nem sua forma, contudo, a esse conhecimento deve ser agregado aquilo de subjetivo que está contido nesta produção. Como nos relata Pareyson: "entre a obra e a sua execução há, a um só tempo, identidade e transcendência: a execução é a própria obra e, ao mesmo tempo, não é senão uma execução dela, e a obra é esta sua execução, mas ao mesmo tempo, é juiz e norma dela" (PAREYSON, 1989, p. 163-4).

D. Barenboim também se volta para a questão da subjetividade nos processos interpretativos: "[...] la subjetividad es una parte integral e inevitable de la música, aunque no la única. Si bien cuando se hace música no existe algo que pueda llamarce una ejecución objetiva, hay una relación permanente entre subjetividad y objetividad, como ocurre en la vida" (BARENBOIM, 2008, P. 119)

É nessa multiplicidade de execuções e interpretações que a obra vai adquirindo ressignificação e a sua própria afirmação enquanto expressão artística de valor. Frederich Dorian em publicação datada de 1986 relata que a objetividade e a subjetividade na interpretação musical são fatores de grande complexidade. Primeiro há que se considerar a natureza, educação e cultura de cada intérprete, conserando-se que por mais que a partitura seja suficientemente objetiva, a figura humana presentifica-se no ato da execução. Em seus relatos ele deixa claro que a notação musical não é capaz de expressar o intangível da obra: "[...] las partituras son representantes incompletos de las intenciones de los compositores. Ninguna partitura, tal como aparece en el manuscrito a publicada en imprenta, puede ofrecer una información completa a su intérprete (DORIAN, 1986, p. 22)

Este autor argumenta ainda, que quanto mais retrocedemos nos diferentes períodos da história, maior dificuldade teremos para ler e conhecer a partitura, entender seus signos e símbolos gráficos e completar suas escassas indicações - fato necessário para obtermos uma fiel execução da obra. Dessa maneira, cabe ao intérprete completar o material contido na partitura a partir dos seus próprios conhecimentos e entendimento da obra executada. Nesse particular, o andamento é uma das questões interpretativas a se enfrentar, tendo em conta a diferença de estilos adotada nos diferentes períodos históricos. O tempo em si é um dado bastante relativo a ser observado na execução de um determinado repertório, ele depende do estilo em que a obra foi composta, depende do compositor e do percurso histórico pela qual a obra passou. Assim relatado, tanto um *adagio,* quanto um *presto,* necessitam ser ajustados na execução, de forma a adequar as particularidades enunciadas pelo compositor e pela própria obra.

Nesta publicação Dorian relata que um intérprete ao executar uma partitura antiga encontra dificuldades, já que naquele período, compositor e intérprete eram as mesmas pessoas, o que não ocorre na atualidade. Boa parte do repertório antigo era executado pelos seus compositores e, obviamente, eles sabiam o que queriam, além do mais, muitas das obras escritas por esses compositores seguem uma notação que hoje nos parece um tanto vaga. Portanto, a separação funcional entre o compositor e o intérprete, exigiu do seu criador uma notação musical cada vez mais precisa:

> Hoy, el intérprete de obras contemporáneas tiene en general poca, si alguna, elección personal, al verse forzado a seguir las muy estrictas indicaciones del compositor. Partiendo de las instrucciones de los clásicos, incrementándose posteriormente con aquellas de los románticos, llegamos a la cima de máxima indicación en la partitura moderna. [...] en las (partituras) de Schönberg, hay letras para ayudar al intérprete a entender la estructura polifónica, al señalarle la relación entre parte principal y de acompañamiento. [...] si las ideas del compositor son subjetivas y sus indicaciones relativas (a pesar de ayudas mecânicas como lo metrónomo), el conocimiento del intérprete es igualmente subjetivo y, por tanto, sus maneras de hacer música subjetivas también. De todo esto, pues, deducimos que el ego del intérprete y la partitura del compositor constituyen la combinácion através de la cual la inspiración creativa puede ser traducida en una realidade musical (DORIAN, 1986, p. 23/24).

Dorian indica três caminhos a serem seguidos pelos intérpretes: primeiramente ele deve aprender como ler o manuscrito e entender sua linguagem; no segundo, o intérprete deve descobrir a essência musical, a linguagem interna que está atrás dos símbolos escrito; por último, ele deve estar totalmente familiarizado com o entorno e a tradição da obra, atribuir-lhe todos os costumes que estão contidos nela e no momento de sua criação.

O autor David Blum ao descrever o trabalho interpretativo de Pablo Casals, relata que esse gênio musical do século XX constantemente afirmava que a arte da interpretação consistia em não tocar o que estava escrito na partitura, isso porque nos primeiros tempos, o canto e a dança surgiram livremente e com espontaneidade, transmitindo mensagens do espírito humano que não podiam se expressar de outro modo. Quando no curso da história foi útil definir modos de escrever a melodia e o ritmo, nunca se considerou que tais signos pudessem ser representativos da música em si, com toda sua vivencia natural, sua força e sutileza. Com efeito, fundamental a afirmativa deste regente e instrumentista ao dizer: "música morta é aquela que está escrita".

Para Casals a partitura escrita era como uma paisagem pintada em um cartão: as casas, as árvores e os montes aparecem friamente umas junto às outras. Estas imagens desprovidas de vida não são mais do que símbolos de uma realidade artística mais profunda; convidam o intérprete a descobrir o mundo dessas experiências que são simples imitações. Quando o espírito recriador do intérprete nos conduz a uma das portas que aparecem pintadas, vemo-nos de pronto em um mundo tridimensional. As formas adquirem profundidade, percebemos o movimento das luzes e sombras (BLUM, 2000, p. 81-82). Assim Casals se expressava com respeito a qualquer partitura:

> La nota escrita [...] supone una camisa de fuerza, mientras que la música, como la vida misma, es movimiento constante, espontaneidade continua, libre de toda restricción [...] Hay muchísimos instrumentistas excelentes que están completamente obsesionados con la nota impresa, mientras, que esta tiene una capacidad muy limitada a la hora de expresar el significado real de la música (Ibid, p. 82).

Para Casals a ação interpretativa não se consumava na exposição de uma técnica instrumental perfeita, mas na arte de trazer à execução o significado essencial da obra. Blum, reforçando o entendimento do instrumentista, cita alguns comentários expressos por teóricos e músicos importantes do passado, entre eles, Quantz e L. Mozart, que de certa maneira, repassaram esta ideologia. Vejamos os relatos desses dois compositores:

> Debe ponerce todo cuidado en encontrar y reproducir el afecto que el compositor deseaba suscitar [...]. En efecto, es necesario saber cuándo cambiar de lo suave a lo enérgico por propio impulso e sin necesidad de indicaciones, y hacerlo en el momento adecuado; pues esto es lo que significa en el lenguaje de los pintores *luz y sombra* (Apud, L. Mozart in BLUM, 2000, p. 33).

> La buena ejecución deve estar *diversificada*. Luz y sombra deben ser continuamente intercambiadas. Pues lo cierto es que nunca se conmoverá al oyente si se ejecutan todas las notas con la misma fuerza o con la misma debilidade, se se interpreta siempre, por decir-lo así, en el mismo color, si no se sabe elevar o suavizar el tono en el momento adecuado (Apud Quantz, BLUM, 2000, p. 33).

Para Casals, tanto o sentimento quanto a interpretação de uma música emanavam da mesma fonte e fluíam unidas por uma só causa – manifestar a essência divina da obra. As notas que não seguiam esta fórmula eram frias de significado:

> La variedad, (diria Casals), es una gran palabra, en la música y en todo: la variedad es una ley de la naturaleza. La buena música nunca es monótona. Si es monótona, es culpa nuestra por no tocarla como debemos. [...] Debemos dar a la melodía su vida natural. Cuando ponemos en la música las cosas sencillas y las reglas naturales que habíamos olvidado, ¡entonces surge la música! [...] La naturaleza nunca se mantiene en un nível, hay una constante vibración (BLUM, 2000, p. 34).

Mas do que uma simples execução, Casals, tanto em suas interpretações quanto regendo uma orquestra, buscava essa essência e permitia a cada um dos interpretes da orquestra que fizessem o mesmo, seguindo seus próprios sentimentos; esta ação trazia para a execução uma atmosfera alquímica. Inúmeros são os exemplos musicais fornecidos por David Blum demonstrando como este instrumentista expressava esses sentimentos nas obras que interpretava (BLUM, 2000, p. 19-30). Muito valioso o relato que se segue:

> Usted verá dónde hacer el *vibrato*, el *crescendo*, el *diminuendo* de las notas; todas estas cosas debe tener-las presentes, pero presentes sobre todo en sus sentimentos. Presentes no sólo aqui (dijo tocándose la cabeza), esto no es suficientemente profundo; sino aqui (y puso su mano sobre su corazón) (Ibid, p. 30).

Muitos outros regentes adotam as mesmas orientações. O Maestro Cláudio Abbado, por exemplo, constantemente, no término de suas apresentações, colocava-se em profundo silêncio, para deixar fluir toda a essência da obra interpretada[6].

O pianista e regente Daniel Barenboim, corroborando as afirmativas de Casals assim se expressa com relação a interpretação de uma obra musical: "La música dispone de un mundo de asociaciones mucho más amplio precisamente en virtud de su naturaleza ambivalente; está dentro y fuera del mundo al mismo tempo" (BARENBOIM, 2008, p. 13).

Para ele, a tarefa de um intérprete não se resume em expressar a música como ela se apresenta na partitura, mas, enquanto intérprete, converter-se como parte dela. O texto musical torna-se um subtexto que se desenrola mediante um diálogo contínuo entre o intérprete e a partitura, aprimorado pela sua curiosidade: "[...] no existe algo que se pueda calificar de fidelidad absoluta a la partitura. La literalidade representa sólo la mitad de la ecuación, la outra mitad está formada por los interrogantes que nos llevan a buscar y a compreender cada parte de la música en función de la naturaleza última del todo" (Ibid, p. 61)

Na publicação de Barenboim em parceria com o crítico literário E.W. Said, são discutidos os critérios que deveriam ser adotados pelos intérpretes nas produções realizadas no passado. Said relata que um texto produzido no século XVIII, faz dele um objeto independente, uma vez que o compositor ou o escritor está distanciado de sua criação, portanto, o melhor tipo de interpretação para esta produção seria considerar o texto como resultante de uma série de decisões tomadas por um compositor, escritor ou por um poeta. É preciso entender o processo pelo qual essas notas ou essas palavras foram escritas, o que é bastante complicado, uma vez que isso exige a adoção da intuição, uma série de palpites sobre o estilo e a disciplina de reproduzir o som ou reproduzir as palavras, a ponto de que quando ouvidos, eles nos pareçam novos. Dessa forma deve haver uma interação constante entre a individualidade do leitor, do músico, do intérprete, e de toda as decisões, consenso e transmissão de um texto a partir de sua própria história. O processo de interpretação é dinâmico, ele requer uma boa dose de análise racional e

6 http://www.youtube.com/watch?v=9Vm_uIKVHQo - acesso em 02 de abril de 2019.

emocional. Exige do *performer* equilibrio e disciplina de análise (BARENBOIM & SAID, 2002, p. 123-125).

Na publicação de Barenboim& Said, o pianista considera a autenticidade de uma obra uma coisa presente, pois ela diz respeito à maneira como o presente vê e constrói o passado e decide que passado deseja ter, o que de certa forma provoca uma contínua discussão entre os intérpretes puristas e os não puristas no que diz respeito a autenticidade e fidelidade do texto musical (Ibid, 2002, p. 133).

O artigo de Sandra Neves Abdo (2000) coaduna-se a esta linha de pensamento. Ela desqualifica a interpretação como um simples processo de tradução da partitura; considera que a fidelidade à composição e a licença interpretativa são dois polos, aparentemente opostos, que devem caminhar juntos. A autora adota em seu artigo o conceito de interpretação ditado por Luigi Pareyson:

> Longe de ser uma atividade puramente espiritual, uma " espiritualidade formada", a arte é, pelo contrário, uma "fisicidade formada", sendo-lhe, portanto, essencial o "processo de extrinsecação física". Desse prisma, os conceitos de *forma* e *formatividade* aparecem como os mais adequados para definir a arte e a atividade artística: a arte é "forma", *sic et simpliciter*, sem genitivo e sem complemento, puro "êxito" de um exercício intencional e preponderante da "formatividade" (atividade humana, que alia, indivisivelmente, invenção e produção de formas) [...] Na base dessa proposta está a idéia, herdada de Augusto Guzzo, de que toda a vida humana possui caráter essencialmente formativo, ou seja, de que toda ação humana gera formas que, tanto no campo moral como no pensamento e na arte, são criações orgânicas e perfeitas, autônomas, dotadas de leis internas, de compreensibilidade e exemplaridade. A esse pressuposto básico, Pareyson integra duas outras idéias fundamentais, erigindo sobre elas a sua teoria: "a idéia do caráter 'formativo' de toda operosidade humana e a idéia da arte como 'especificação' dessa universal formatividade... (ABDO, 2000, p. 19).

Abdo relata que ao se adotar o enunciado pareysoniano, o ato de executar, interpretar, compreender uma obra de arte é fazer falar a sua própria realidade física com sentidos espirituais. A arte, antes de tudo, não só expressa como também comunica a si própria, pois na sua forma está contida a sua plenitude reveladora e expressiva: "Dizer que a arte é forma, significa dizer que ela é, ao mesmo tempo e indivisivelmente, uma forma e um mundo" (ABDO, 2000, p.

20). Diante dessa afirmativa fica comprovado que a lei da interpretação é a própria obra e a sintonia que o intérprete deve ter com ela, para poder colhê-la não como perfeição estática, mas como organicidade viva e processual, portanto, obra e intérprete são dois polos fundamentais na relação interpretativa.

Ao se reportar ao fato de que a mesma obra pode ter uma multiplicidade de interpretações, Abdo, mais uma vez recorre a Pareyson e relata que este fundamento advém da própria infinidade e dialeticidade dos dois termos que constituem a relação interpretativa. Esse fenômeno não se constituiu em um dado quantitativo, pois intérprete e obra se revelam em toda a sua inteireza em cada ato interpretativo, sem esgotar as infinitas possibilidades que ambos apresentam e que são inexauríveis.

Abdo considera que a arte emerge da história, nela reentra e continua a fazer história, contribuindo para configurar a fisionomia de sua época e vivendo além dela, por meio das infinitas leituras, interpretações e execuções que se processam ao longo do tempo. Ela não é uma simples reevocação, uma tradução, mas a sua própria vida. Essa autora, assim como Gadamer e Pareyson, tem algumas restrições quanto às execuções de obras antigas com instrumentos da época. Para ela isso não é garantia nem condição de uma autenticidade interpretativa. É uma das opções interpretativas, mas não a mais apta a colher a verdade da obra. É como tomar posse de um mundo emprestado, traçar uma réplica ou uma simples reevocação que nega a plurissemanticidade constitutiva da obra e sua historicidade (Ibid, p. 21-23). Nesse sentido cabe retomar o pensamento de T. Dart a respeito dessa questão:

> Somos prisioneiros do passado. Toda a formação de um músico moderno, seja de compositor, intérprete ou ouvinte, está baseada na execução, audição, leitura e análise da música antiga. Sua experiência musical tem sido desviada do presente para o passado; entretanto, as sonoridades que ouve e os símbolos que vê à sua frente são atuais, de maneira que o próprio passado está desvirtuado. [...] se o cravo for do século XVIII, é antigo para nós; mas era novo, então, e o seu som não era o mesmo. Se o cravo for novo, possui toda sorte de dispositivos mecânicos e timbres (por exemplo, pedais para alterar os registros, cordas de 16 pés e plectros de couro), a maioria dos quais era inteiramente desconhecido no século XVIII. E o mesmo ocorre com todos os outros instrumentos da lista. Descobrir como esses instrumentos eram tocados no século XVIII é ainda mais difícil (DART, 1990, p. 208-210).

Para T. Dart as interpretações devem estar alinhanhadas ao estilo da época, devem ser executadas de acordo com o fraseado, ornamentação e andamento que estavam associados à música quando foi ouvida pela primeira vez, mesmo que executadas no presente:

> O intérprete tem todo o direito de decidir por si mesmo se é melhor esquecer alguns desses pontos particulares, mas deve pelos menos estar consciente de que já existiram e de que, em certa época, foram considerados um traço essencial de uma interpretação agradável. De outro modo, arrisca-se a jogar fora o bom com o ruim, o bebê com a água da banheira[...]. É impossível, para alguém que viva hoje, ouvir música antiga com os ouvidos daqueles que a ouviram ser executada pela primeira vez. É inútil pretender o contrário. Todavia, é mais ou menos possível, para nós olhar para a notação dessa música com os olhos daqueles que a viram escrita pela primeira vez, e o mínimo que podemos fazer é tentar [...]. Na interpretação, o estilo é pelo menos tão importante quanto a proporção, e ambos são necessários (Ibid, p. 213)

Isso nos faz intuir que quanto mais antiga a música, mais complicado o problema de descobrir como ela soava anteriormente. O maestro Nikolaus Harnoncourt, especialista na interpretação, regência e gravação do repertório de música antiga, tem para si, a mesma preocupação de T. Dart:

> Quando executamos atualmente música histórica, não podemos fazê-lo como os nossos predecessores das grandes épocas. Perdemos aquela espontaneidade que nos teria pemitido recriá-la na época atual; a vontade do compositor é para nós a autoridade suprema; encaramos a música antiga como tal, em sua própria época, e nos esforçamos para recriá-la de maneira autêntica, não por motivos históricos, mas porque isso nos parece, hoje, o único caminho verdadeiro para executá-la de forma viva e digna. [...] os conhecimentos musicológicos não devem constituir-se um fim em si mesmos, mas apenas proporcionar-nos os meios de chegarmos a uma melhor execução que, em última instância, será autêntica se a obra for expressa de forma bela e clara. [...] O músico atual toca exatamente o que está escrito na partitura, sem saber que a notação matemática e precisa só se tornou corrente no século XIX. Uma outra fonte de problemas é a enorme questão da improvisação que, até mais ou menos o fim do século XVIII, não pode ser separada da prática musical (HARNOUNCOURT, 1929, p. 19-20).

Harnouncourt declara que não só a leitura da notação ou a prática da improvisação foram submetidas a constantes modificações como também os instrumentos, maneira de tocá-los e até mesmo a técnica de cantar, sem menosprezar a questão do espaço, da acústica e das dimensões das salas de concerto. Estes fatores dificultam em grande escala a tentativa de fazer música com a chamada autenticidade. O que parece mais permissível nos dias atuais é atingir um alto grau de autenticidade de estilo.

Tomemos como exemplo o vasto repertório do célebre compositor J. S. Bach para clavicórdio e órgão. Hoje essas obras são executadas pelos pianistas e muito importantes na formação performática desses instrumentistas. Não possibilitar a continuidade de execução desse repertório nos instrumentos atuais traria um prejuízo incalculável para o ensino musical e para o cenário musical. Há ainda que se considerar o avanço tecnológico que tem servido tanto para o aprimoramento e criação de novos instrumentos, como na preservação e transcrição do material musical. O próprio J. S. Bach viu com entusiasmo os progressos tecnológicos empregados no órgão em sua época:

> El órgano, instrumento predilecto de Bach, ha sufrido considerables cambios en el curso del segundo período de su historia que se inicia en la segunda mitad del siglo XIX. [...] Bach hubiera saludado todos estos progresos con entusiasmo porque realizaron lo que él persiguió con tanto ardor en sus experimentos. Aplaudiría, igualmente, la importancia que en nuestros instrumentos ha adquirido la caja de expresión, pues, sin duda, debía de sentirse incómodo al no poder prolongar los *diminuendi* siquiera más allá de la sonoridade natural del tercer teclado cuando ejecutaba sus fugas (SCHWITZER, 1955, p. 345).

Barenboim, de maneira similar, não vê motivo algum para se transformar a execução das obras do passado em uma execução contemporânea, já que no seu entendimento uma obra musical deve ter um significado histórico e outro contemporâneo:

> Há muito a ganhar com a erudição musical. Claro que entender o estilo, entender a fundo todos os diferentes elementos que fazem parte de determinada música é absolutamente necessário e sempre é interessante. Mas tentar reproduzir o passado? A simples palavra "reproduzir" já é sinal de pobreza. [...] Conhecendo Boulez, conhecendo Carter, você vê de outra maneira certas facetas de Beethoven. E é isso que torna Beethoven eterno. E é por isso que nos ocupamos com Beethoven hoje em dia, e não tanto com um contemporâneo menor [...] é absolutamente essencial para o

> músico manter-se em contato constante com as composições de hoje para entender o que há de novo nas composições do passado (BARENBOIM & SAID, 2003, p. 134-6).

Nos relatos até aqui expostos, fica evidente o quão importante é para o intérprete reconhecer na obra musical a sua dupla natureza: a física e a espiritual. A física exige da parte do intérprete o conhecimento profundo da linguagem musical, o respeito a estrutura e estilo da obra, A espiritual, por sua vez, situa-se na subjetividade presente no signo musical e nos procedimentos interpretativos do *performer.* O intérprete executa formas, mas ao mesmo tempo, exprime a totalidade do objeto interpretado. Assim, em qualquer obra musical, a individualidade do objeto e do sujeito se integram, não se fragmentam, não se dicotomizam, preservam aquilo que lhes é próprio, para que unidas possam alcançar o todo da obra a ser executada. Dessa maneira, no processo interpretativo a subjetividade e objetividade correm juntas.

O Prof. Walter Bianchi, apesar de se posicionar a favor de uma interpretação mais livre e expressiva, da mesma maneira que os autores acima citados, em suas entrevistas e nas aulas dadas, afirma que mesmo que o intérprete seja capaz de cumprir todas as indicações de andamento, estilo, fraseado, dinâmica, afinação, entre outros, subsistirá na interpretação traços marcadamente subjetivos, próprios da sensibilidade do intérprete e impossíveis de serem afastados, motivo pelos quais, a interpretação musical não deve se tornar um processo fechado com regras precisas de aplicação, mas também não pode se descuidar de realizar as informações contidas na partitura. Vejamos um de seus relatos que apontam para a importância de uma interpretação aberta:

> Se cada pessoa é diferente das outras e tem sensibilidade própria, quer dizer que toda e qualquer interpretação musical é sentida de maneira diferente e, por isso tocada também de forma diferente[...]. Mahler dizia "O mais importante não está nas notas escritas, mas naquilo que elas nos emocionam. O maestro Furtwängler afirmava: "Reger o que estava entre as notas" e Pablo Casals entendia que o ato da interpretação consistia " em não tocar as notas, e sim interpretá-las. Alfred Cortot tinha também sua opinião e dizia que "o intérprete é aquele que tem o poder de recriar uma beleza musical adormecida entre as linhas da pauta" [...] Cada músico, solista, intérprete ou regente tem sua opinião individual devido as diferentes sensibilidades e temperamentos (Bianchi, apostila, p. 50-52).

A interpretação, portanto, promove a interação contínua entre a sensibilidade do sujeito que analisa tanto a obra como a si mesmo enquanto *performer*. Em nenhum momento o professor Bianchi deixou de mencionar a importância dos intérpretes conhecerem com precisão a linguagem musical contida nas partituras, a estrutura e o estilo da obra interpretada: "[...] A estrutura da música é importante. Cada obra musical tem um estilo próprio. São estruturas musicais diferentes que devem ser tocadas de maneira diferente [...] A estrutura da música tem que ser respeitada" (Bianchi, apud LIMA, 2005, p. 120). Contudo, era igualmente importante compreender e expressar nesta ação, a dupla natureza da obra musical.

Deduz-se então, que a interpretação tem que ser objetiva, atenta ao cumprimento das determinações impostas pelo compositor, mas também deve conter elementos subjetivos. Conforme expressei em artigo realizado em 1998: " A partitura não se explica por si mesma, ela contém informações subliminares que o intérprete deve captar. A complexidade da interpretação musical está justamente na conciliação e unificação desses dois pólos (LIMA, 1998, p. 301).

Sob esta perspectiva o artigo de John Rink intitulado *Análise e (ou?) performance* (2007, p. 25 a 43), chama a atenção do leitor para o fato de que os enfoques adquiridos por meio da análise, quer seja ela intuitiva ou deliberada, são fatores de influência na concepção musical do intérprete. No texto, Rink reporta-se ao teórico musical Jonathan Dunsby quando afirma que compreender e tentar explicar uma estrutura musical e compreender e comunicar a música, não esboçam o mesmo tipo de atividade. Apesar de existir um ponto de coincidência entre estes dois polos, esta interpolação não deve ser radical (Apud Dunsby, Rink, 2007, p. 26). É importante ao intérprete considerar o contorno musical, mais do que a estrutura ou o estudo minucioso da partitura, com atenção especial às funções contextuais e aos meios de projetá-las:

> [...] cheguei à conclusão de que talvez os intérpretes sejam sábios em resistir a qualquer tentativa sistemática de correlacionar as descobertas dos métodos de análise rigorosa à performance propriamente dita. As demonstrações de unidade entre os motivos, por exemplo, podem ser fascinantes no papel, mas, de forma geral, são mais facilmente observáveis do que ouvidas; uma ênfase obstinada dada a cada detalhe de um motivo seminal numa performance, poderia levar a resultados ridículos, mesmo que uma consciência

> da atividade dos motivos dentro de uma determina peça possa provar-se útil para o interprete (por exemplo, na modelagem da música em termos de timbre e dinâmica) [...] o estudo da análise mais rigorosa pode ajudar o intérprete a resolver certos problemas técnicos e conceituais [...], assim como memorizar e combater a ansiedade na performance (Ibid, p. 29).

Rink relata que a análise para os interpretes e os analistas segue caminhos diferenciados. Os intérpretes encaram um processo de análise durante suas execuções da seguinte forma:

- A temporalidade reside no coração da performance e é fundamental para o intérprete,
- O objetivo do intérprete é descobrir o contorno da música, em oposição a sua estrutura, bem como os meios de projetá-la,
- A partitura não é a música, portanto, a música não se restringe à partitura,
- Qualquer elemento analítico que se impõe na performance será idealmente incorporado em uma síntese mais geral, influenciado por considerações sobre estilo, gênero, tradição de performance, técnica, instrumento, etc, assim como pelas prerrogativas individuais do intérprete.

Dessa maneira, as decisões determinadas pela análise não devem ser sistematicamente priorizadas, de tal maneira que o processo de análise para o intérprete segue como uma intuição informada.[7] Assim, a análise para o intérprete acontece normalmente no processo de formulação de uma interpretação e subsequente reavaliação, ou seja, enquanto o interprete está estudando a obra e não durante a execução. Rink fornece exemplos de análise para intérpretes bastante relevantes ao longo de seu texto que merecem um olhar atento do leitor e conclui seu artigo, declarando que o sucesso de uma performance é medido pelo indivíduo e pela plateia e não tanto pelo rigor de sua análise, fidelidade histórica ou mesmo acuidade técnica, mas pelo nível de ressonância

7 Rink reporta-se ao termo "intuição informada" ao processo que reconhece, não apenas a importância da intuição no processo interpretativo, como também o fato de ela ser geralmente sustentada por uma bagagem considerável de conhecimento e experiência, ou seja, a intuição não surge do nada e muito menos é fruto de um mero capricho (2007, p. 27). Esta modalidade de análise contrapõe-se aquilo que ele chamou de análise deliberada, própria dos analistas musicais.

que ela encontra ao agrupar os seus elementos constituintes, o que significa que a obra musical é algo além do que a simples soma de suas partes – uma síntese musicalmente coerente e convincente: "Projetar 'a música' é o que mais importa, e todo o resto é apenas um meio para se atingir uma finalidade para concluir a frase citada por Rink (RINK, 2007, p. 42).

É interessante observarmos o depoimento do regente e pianista Daniel Barenboim com respeito a estrutura de uma obra musical. Ele declara que sua professora Nadia Boulanger o ensinou a ver a estrutura de uma música como um meio emocional de expressão e ver o que era emocional como estrutura. Sua única doutrina interpretativa consiste em encontrar uma maneira de juntar os extremos, os paradoxos, sem necessariamente diminuir a extremidade de cada um para criar a arte de transição (BARENBOIM & SAID, 1942, p. 70-81).

O filósofo Luigi Pareyson (1989, p. 161, 171) de certa maneira, põe fim a essa dualidade, quando afirma que a interpretação de uma obra de arte tem para si uma lei muito firme e um critério muito seguro. A sua lei é a própria obra, olhada na sua irredutível independência e, precisamente por isso, é passível de ser interrogada e escutada. O seu critério é a *congenialidade*, única garantia de verdade e condição de penetração na composição. Ela permite ao mesmo tempo a fidelidade da criação e a originalidade no processo interpretativo. A congenialidade encerra os questionamentos sobre subjetivismo no processo interpretativo. Ela pemite ao mesmo tempo atribuir a esse processo, a fidelidade da criação e a originalidade no processo. No texto que apresentei no Congresso da ANPPOM de 1998, parafraseando os argumentos deste filósofo quanto a essa questão, relatei:

> De certa forma, a congenialidade encerra os questionamentos sobre subjetivismo no processo de interpretação. Ela se traduz em um movimento contínuo que vai pouco a pouco representando os esquemas de uma imagem destinada a revelar a verdadeira realidade da obra e mantêm sempre aberta a possibilidade do confronto e da verificação. Esse movimento é tão coeso que no fundo não se sabe se é a imagem quem revela a obra ou se é a obra que se revela nela. A imagem bem-sucedida, mais do que captar, ou representar, ou dar a obra, é a própria obra, já que a vontade captativa da imagem se encontra com a vontade manifestativa da obra. Se a interpretação é múltipla e pessoal, isso não significa que ela seja irremediavelmente subjetiva. Ela não pode ser abandonada ao arbítrio do

> intérprete, uma vez que enquanto obra, ela permence idêntica e igual a si mesma, ainda que se considere a multiplicidade das suas interpretações (LIMA, 1998, p. 303-302).

Para finalizar este capítulo, relato que os demais tópicos descritos na carta que me foi endereçada por Margarida Fukuda podem ser considerados uma consequência do que foi relatado até agora, excetuados os itens 5, 10, 11, 12 e 13 que serão avaliados nos capítulos posteriores. Concluo o texto afirmando que o intérprete, como sugerido pelos autores aqui expressos e pelo próprio W. Bianchi e Uhde& Wieland, pode incorporar em suas execuções, princípios interpretativos mais flexíveis e individualizados, pois a interpretação é um processo aberto que se manifesta em cada uma das interpretações e contempla em igualdade de condições o emocional do intérprete. A interpretação musical é um processo contínuo, um estar sempre a caminho. Nos relatos aqui expostos, ficou claro que um bom intérprete deve estar capacitado a realizar a missão de decodificar os signos musicais ao mesmo tempo em que manifesta a subjetividade que habita a produção musical a partir de sua sensibilidade musical e de um conhecimento profundo desta linguagem. Partiremos agora para um tópico de fundamental importância para os intérpretes musicais – a frase musical - assunto bastante analisado e discutido pelo professor Bianchi, por Uhde& Wieland e por outros pesquisadores e intérpretes.

A frase musical

Acho que o pior crime que se pode cometer contra a própria natureza da música é tocar mecanicamente. Parafraseando de um modo supersimplificador: quando você toca duas notas, elas devem contar uma história (BARENBOIM & SAID, 2003, p. 81).

Como nos capítulos anteriores, o texto a seguir traduz a minha intenção de retratar a importância que W. Bianchi destinou a frase musical, o quanto seus relatos foram corroborados pelo pensamento de outros pesquisadores e intérpretes e em que atributos sua metodologia se alinha à metodologia de Uhde & Wieland, conforme exposto na carta da pianista Margarida Fukuda que me foi encaminhada. Sendo assim, serão avaliados os seguintes tópicos: a interpretação é um esquema aberto e não fechado; a interpretação é um progresso contínuo, uma evolução, um estar sempre a caminho; o intérprete deve buscar uma qualidade sonora diferenciada e a coerência em cada frase musical e trazer para o traçado melódico uma inflexão correta, buscando os pontos de tensão e repouso da frase. Estes aspectos relacionados à interpretação têm recebido por parte dos estudiosos tratamentos diferenciados, ora atribuindo ao processo maior liberdade expressiva, ora alinhando-o mais intensamente aquilo que está escrito na partitura.

No Dicionário Grove de Música a frase musical é um termo que une pequenas unidades musicais de tamanhos variados, geralmente consideradas maiores do que um motivo, porém menores do que um período (SADIE, 1994, p. 343). Julio Bas no *Tratado de La Forma Musical* (s/data) assim se reporta à frase musical:

> Para mejor comprensión y apreciación de la música se requiere que ella sea fraseada en forma equivalente a la lenguaje en la oratoria, en la lectura, en la dicción. Contrariamente, la correlación de pergunta y respuesta, esa especie lógica sonora que rige el lenguaje musical, queda obscurecida, disa minuída; incidiendo negativamente en la eficácia de la obra que se ejecuta y se interpreta. El elemento inicial del fraseo es la conexíon de los motivos, frases y períodos que se concadenan. Esta separación es lo que en el canto la respiración, que a su vez truécase, en la ejecución instrumental, en una breve interrupción del sonido (BAS, S/D, p. 21-22)

Nesta publicação J. Bas oferece inúmeros exemplos de frases dos mais diferentes estilos. Não bastasse, Hugo Riemann (1928), elabora uma publicação voltada exclusivamente para esta temática. Da mesma forma, Esther Scliar publicou o livro Fraseologia Musical, desentranhando os mecanismos que ligam os diversos elementos no discurso musical. O assunto é complexo e abstrato, exigindo dos estudiosos uma análise profunda que aponta para diferentes pontos de vista e com o advento da música contemporânea, um pouco desses ensinamentos deixou de ser aplicado.

Para Gerhard Mantel a frase musical pode ser comparada a uma figura com forma determinada e compreensível que se move no interior de uma linha curva dinâmica. Cabe ao intérprete reconhece-la e representá-la. Para que isso ocorra ele tem a sua disposição os seguintes parâmetros de aplicabilidade: dinâmica, articulação, ritmo e a harmonia que a constituiu. No seu desenvolvimento também estão presentes as relações estruturais que se transformam em efeitos musicais, estéticos e emocionais. Para este autor (2010, p. 131-2) toda frase musical tem um início, um desenvolvimento, o ponto culminante e a conclusão; esses atributos apesar de caminharem com certa liberdade, possuem uma delimitação estrita.

Os estudos envolvendo a frase musical basicamente se voltam para os seus elementos constitutivos, a maneira como elas devem ser articuladas, quais exigências técnicas e estéticas devem ser priorizadas, qual o melhor fraseado, de que forma cada som deve ser executado dentro de um espaço sonoro delimitado e de que maneira as várias frases podem se interligar.

W. Bianchi e Uhde & Wieland direcionam boa parte de seus ensinamentos para a compreensão e análise das frases musicais. Uhde & Wieland centram seus estudos interpretativos na análise dos impulsos contidos no interior de uma obra musical, constituídos pelas fases de **tensão, culminação** e **afrouxamento**. A metodologia que esses dois autores desenvolvem não procura descrever os elementos constituintes de uma obra, mas nos leva a perceber a **Forma Musical** como um **processo temporal**, a fim de desvendar as diversas possibilidades de interpretação que a partitura permite; tomam como referencial de análise o termo *Zeitgestalt*, como já dito anteriormente (FUKUDA, 2009, P. 37).

O termo alemão *Zeitgestalt* pode ser compreendido sob uma configuração temporal. No método de Uhde & Wieland, a análise das *Zeitgestalten* na obra musical refere-se a análise dos impulsos contidos em seu interior, constituídos pelas fases de tensão, culminação e afrouxamento indicadas pelos sinais: ⟶ para a fase de tensão, de inspiração e o sinal ⟵ para a fase de afrouxamento, de expiração. A distância entre as duas setas ⟶ ⟵ indica a fase de culminação, o ponto de maior intensidade (ponto culminante), na qual o movimento chega ao seu objetivo e depois ao repouso. Da percepção desse processo temporal depende a articulação de dois dos principais meios de expressão de que dispõe o intérprete para a execução de uma obra musical, ambos determinantes para a respiração na música: a **dinâmica** e a **agógica**. Quatro princípios concorrem para a determinação deste ponto culminante ou ponto de maior intensidade: o acento métrico-rítmico, o ponto culminante melódico, o ponto de tensão harmônica e os acentos ocorrentes. A análise começa com a percepção de *Mikrozeitgestalten* (detalhes), podendo se constituir em um motivo, uma frase ou um tema. Uma vez analisadas as *Mikrozeitgestalten,* a tarefa do intérprete será a de integrá-las ao todo. Essa integração é realizada não apenas ligando os detalhes uns com os outros, mas seguindo horizontalmente a dinâmica interior que as liga. O intérprete deve sempre questionar sobre o detalhe dentro do impulso do todo. Para melhor compreensão das fusões das *Mikrozeitgestalten*[8], Uhde& Wieland utilizam a metáfora da onda musical, comparando a música ao movimento de inúmeras ondas do mar. No movimento de fluxo e refluxo, as pequenas ondas vão se integrando sempre às ondas cada vez maiores, sem, contudo, percebermos qualquer ruptura entre elas. O mesmo deve acontecer na música, quando as pequenas unidades se fundem às maiores até formar o todo (FUKUDA, 2016, p. 314). O intérprete nesse processo, investiga a sucessão de impulsos que convergem a um ponto definido de repouso. Os **elementos de atração** podem

8 Entende-se como *Mikrozeitgestalt* a unidade interior das menores células musicais (FUKUDA, 2002, p. 4)

ser entendidos como pontos culminantes, o **processo de aproximação** a esses elementos de atração constitui a fase de tensão e o **afastamento** é tratado como fase de distensão, ou contra-tensão (Ibid, 217).

Uhde & Wieland relatam que na execução musical, a agógica e a dinâmica devem estar ligadas uma a outra como dois aspectos de um único fenômeno, ainda que teoricamente elas sejam consideradas fenômenos separados. Nas obras musicais o tempo e o desenvolvimento da dinâmica manifestam-se de forma irregular, pois se o tempo transcorre de forma irregular, também o desenvolvimento da dinâmica se manifesta de forma irregular, considerando-se que a dinâmica estaria condicionada ao desenvolvimento da dinâmica métrica. Na prática interpretativa nota alguma deve permanecer indiferente temporalmente (FUKUDA, 2002, p. 36-42). Margarida Fukuda relata que uma interpretação bem-sucedida para esses dois autores ocorre quando as fases temporais se tornam realmente audíveis em termos de agógica e dinâmica, enquanto fatores ligados um ao outro.

Para Uhde& Wieland, os pontos culminantes no interior do processo, os limites entre o antes e o depois nas *Zeitgestalten* são acontecimentos decisivos para a expressão. Portanto, esses pontos adquirem diferentes expressões, dependendo se o seu clímax for acentuado na entrada do som ou se formado no seu prolongamento. A diferenciação poderia ser sentida com precisão pelo intérprete já nas *Mikrozeitgestalten,* e tal sensibilidade rítmica seria desigualmente precisa, diversa de um controle metronômico (Ibid, 29). Para Margarida Fukuda o método Uhde& Wieland leva o intérprete a se aproximar da expressão de uma obra musical a partir da análise de sua estrutura interna; quanto mais próximo o intérprete estiver da ideia musical, melhor saberá escolher as nuances expressivas que ajudarão a criar formas musicais mais belas (Ibid, 223). Assim pensado, a interpretação para esses dois autores concretiza-se na medida em que as *Gestalten* de uma música se atualizam gestualmente e na medida em que cada *Gestalt*[9] se desenvolve em relação as outras até consti-

9 A Gestalt é uma doutrina da Psicologia baseada na ideia da compreensão da totalidade para que haja a percepção das partes. As leis básicas da Gestalt são: semelhança, proximidade, continuidade, pregnância, fechamento e unidade. O gestaltismo afirma que o fato fundamental da consciência é a forma total, visto que esta nunca é redutível à soma ou à combinação de elementos, assim as formas, configurações ou campos compoem a sua estrutura total. O gestaltismo tratou principalmente da percepção, acumulando um número de trabalhos experimentais (ABBAGNANO, 2003, p. 810)

tuir a fusão do todo, quando a figura isolada se torna um momento do caráter total (FUKUDA, 2002, p. 28).

A análise das *Zeitgestalten* propostas por esses dois autores investiga a sucessão de impulsos que convergem a um ponto definido de repouso e a relação que se estabelece na partitura é dialética, pois o detalhe não existe sem o todo e o todo não existe sem o detalhe. Cada momento condiciona o outro em um movimento contínuo e incessante. Essa interpretação dialética depende de cada caráter interpretativo advindo da totalidade formal; o detalhe vai se modificando de acordo com a sua função dentro deste processo (FUKUDA, 2002, p. 30 e 31).

Tanto a Dissertação de Mestrado como a Tese de Doutorado da pianista Margarida Fukuda traz inúmeros exemplos musicais e explicações da maneira como se realiza tal processo durante a execução de uma obra musical; caberia uma leitura mais atenta desses dois trabalhos para a compreensão desta metodologia. Neste capítulo, entretanto, irei me concentrar apenas na avaliação dos pontos em comum indicados por Fukuda quanto a metodologia do Prof. Walter Bianchi e de Uhde &Wieland.

Walter Bianchi, sendo adepto de um discurso mais pragmático e menos filosófico, vê a música como um reflexo das leis naturais, o que de certa maneira não contraria o pensamento dos intérpretes Uhde& Wieland.

Ao afirmar que toda frase musical tem começo, meio e fim e sempre está relacionada com a frase anterior, ele traz para a frase musical o princípio cósmico de vida e morte. O ritmo, a vibração e a correspondência são outros princípios naturais que afirma estarem sempre presentes na música:

> Tudo que existe no universo é energia. O som é um fenômeno físico e, portanto, também é energia. [...] tudo no universo vibra e se vibra tem um som. Todos nós emitimos um som. Não existem dois sons iguais, porque existe uma materialização do número de vibrações. [...] O som é uma consequência. Tantas vibrações produzem aquela cor e aquele som, porque tudo no universo vibra (Bianchi, apud LIMA, 2005, p. 99-100).

A pianista Maria Elisa Risarto, em entrevista publicada, vê na fala do professor uma ligação estreita da frase musical com o movimento cósmico. O intérprete ao executar uma obra musical qualquer, precisa se preparar para contrapor ao tempo real, uma dimensão cósmica:

> Ele (Bianchi) faz com que os músicos se integrem melhor ao cosmo. [...] Com o tempo você começa a entender que cada música tem uma determinada vibração e, como tal ela passa a ser um ente individualizado, personalizado, com essência própria[...] Quando ele fala do cosmo, dessa ligação (da música) com a natureza, na verdade, ele quer expressar na música essa essência cósmica que liga todas as coisas do universo. [...] você pode, com a música, fazer com que as pessoas entrem em contato com sua essência interior e se enriqueçam com essa experiência. [...] a música para o Bianchi não transmite emoções como paixão, ódio, tristeza; a coisa é bem mais profunda. Ela atua na essência do indivíduo (RISARTO apud LIMA, 2005, p.121-124).

Esse relato evidencia o quanto as mudanças rítmicas, as alterações de andamento, de tempo propostas pelo professor estão sujeitas a uma ordem natural - um contínuo fluxo e refluxo que se processa de forma proporcional e que muito se assemelha à metáfora da onda musical retratada por Uhde& Wieland. Para o professor Bianchi o movimento que corre em uma direção, determina o movimento a ser realizado na direção oposta. Esse comportamento dimensiona em que proporção o intérprete, deve realizar as variações de velocidade, de andamento e de ritmo durante a execução das frases;

Bianchi, ao se reportar as alterações de andamento *(rubato, ritenuto, rallentando, entre outros)* assim se expressava: "É importante ter uma medida para fazer as coisas. Por exemplo, um *rubato* não pode ser exagerado. Existe uma medida para tudo. O que vem depois tem que estar relacionado com o que veio anteriormente. Existe uma lei de equivalência entre as coisas. Tudo tem proporção" (Bianchi, apud LIMA, 2005, p. 85).

Ele via a música como uma das mais elevadas expressões espirituais do homem, porisso a incluía no Ciclo Divino (Deus, vida, energia, vibração, som, música, prazer, felicidade). Para ele todas as coisas no Universo eram formadas pela Energia. A energia era a matéria prima de tudo e se manifestava a partir das vibrações (movimentos ondulatórios que fazem a energia se movimentar). Cada coisa possuia uma identidade própria, pois era formada por um número diferente de vibrações. Aa emoções, os temperamentos e a nossa sensibilidade também eram formados por diferentes grupos de vibrações. Assim pensado, as frases musicais, deveriam seguir os mesmos princípios naturais.

O relato deixa clara a ligação que o professor estabeleceu entre a música e os princípios naturais veiculados nos manuais cosmológicos. Sua apostila[10] - único documento escrito por ele – contempla esta tendência e encontra respaldo na leitura do livro de Atkinson (2018) que traz a luz as sete leis cósmicas que norteiam o universo.

Todo o processo interpretativo do Prof. Bianchi encontra amparo no movimento proporcional das coisas focado no princípio do ritmo, ou seja, um movimento de um lado para o outro; um fluxo e um refluxo; um movimento para frente e para trás; um movimento semelhante ao do pêndulo; um movimento comparável ao das marés, que se manifesta entre os dois polos existentes nos planos físico, mental e espiritual.

William Walker Atkinson, ocultista e propagador da filosofia do Novo Pensamento, autor do livro *O Caibalion – um estudo da filosofia hermética,* assim se expressa com relação ao princípio do ritmo:

> O princípio do ritmo está estreitamente ligado ao princípio da polaridade [...] O ritmo se manifesta entre os dois polos estabelecidos pelo princípio da polaridade. Isso não significa, porém, que o pêndulo do ritmo oscile até os polos extremos, porque isto raramente acontece; com efeito, na maioria dos casos é muito difícil estabelecer os extremos polares opostos. Mas a oscilação ocorre primeiro em direção a um polo e, em seguida, ao outro. Há sempre uma ação e uma reação; uma marcha e uma retirada, uma elevação e um rebaixamento, em todos os fenômenos do Universo. Os sóis, os mundos, os homens, os animais, as plantas, os minerais, as forças, a energia, a mente, a matéria, e mesmo o Espírito, manifestam esse princípio. O princípio se manifesta na criação e destruição dos mundos, na ascensão e queda das nações, na vida histórica de todas as coisas e, por último, nos estados mentais do homem (ATKINSON, 2018, p. 157-158).

10 Bianchi elaborou uma apostila, com 114 páginas, intitulada *Interpretação Musical baseada na Lei do Universo: a revolução interpretativa*, que não foi publicada, apenas impressa e xerocopiada para ser entregue aos seus alunos. A iniciativa para que ele escrevesse esse material, partiu do Professor Omar Zoboli da Academia de Música de Basel, na Suiça e meu empenho pessoal. A revisão do texto esteve a cargo da Professora Maria Luísa D'Elboux e foi repassado para o computador pelo amigo e ex-aluno Fabio Pellegatti. Provavelmente, as cópias xerocopiadas ainda podem ser adquiridas na Rua Cajaíba, n. 45, apto 112, Bairro Sumaré – São Paulo – S. P. CEP 05025-000, fone (11) 3862-6489, antiga residência do professor. Na apostila constam os agradecimentos do professor tanto para o professor Omar Zoboli como para mim.

O princípio da polaridade acima descrito, retrata que todas as coisas manifestadas têm dois lados, dois aspectos, dois polos, um par de opostos separados por uma multiplicidade de graus entre os dois extremos. Estes, por sua vez, podem se reconciliar, desde que tenham uma natureza idêntica (exemplo: bom/mau- claro/escuro) e as diferenças entre eles sejam apenas uma questão de grau, fato que permite ir de um grau ao outro nos pares de opostos (ATKINSON, 2018, P. 153- 155). Os preceitos herméticos reiteram que não somente tudo está em movimento e vibração constante; mas também que as "diferenças" entre as diversas manifestações do poder universal se devem inteiramente à variação da escala e do modo das vibrações (ATKINSON, 2018, p. 144).

Walter Bianchi, ainda que de forma intuitiva agrega a sua metodologia os princípios cósmicos acima mencionados, aponta para 5 elementos que devem ser trabalhados nas frases musicais que compõem uma obra: articulação, dinâmica, pontuação, andamento e fraseado, contemplados em sua apostila da p. 52 a p. 63.

A **Articulação** é a maneira de emitir o som (*legato, stacatto, portato, martelado*, etc). Nos pianistas, a posição das mãos é que dá a dimensão do que deve ser ouvido. Nos instrumentos de cordas, o golpe de arco é que comanda as diversas articulações. Nos instrumentos de sopro, a articulação depende do ataque das notas produzido com as sílabas: tu- du e lu. Nos instrumentos de percussão o segredo está no uso das baquetas.

A **dinâmica,** por sua vez, trabalha com a intensidade sonora (*crescendo, decrescendos, p, f, etc).* É o elemento capaz de nos conduzir até o clímax de uma frase ou mudar nuances sonoras em maior ou menor grau. O número de instrumentistas que compõem uma orquestra também é capaz de provocar alterações de dinâmica.

A **pontuação,** para esse professor, deve ser semelhante aquela empregada na frase literária. Ela produz um diálogo musical continuo, uma sequência de perguntas e respostas, interrogações, exclamações e comporta sinais similares as vírgulas, ponto e virgula, reticências, acentos e ponto final.

Realizar uma performance para este professor é o mesmo que interpretar uma poesia ou um texto literário. Nesse sentido é necessário filtrar em nossa sensibilidade o sentido e a emoção que a música nos inspira. Vejamos a sua fala quanto a esse tópico:

> A pontuação na música é a mesma empregada na frase literária, ou seja: vírgula, ponto, dois pontos, etc., por isso ela integra o fraseado. [...]. Quando se declama (uma poesia) existe a inter-relação das palavras. Uma palavra depende da outra para formar a ideia [...]A frase musical é semelhante à frase literária. Você não fala utilizando a mesma entonação sempre. Há uma variabilidade sonora muito grande na execução de uma frase literária. Você sobe e desce de acordo com a inflexão da palavra. O mesmo acontece na frase musical (Bianchi apud LIMA, 2005, p. 100-101-106).

Quando acompanhei alguns de seus alunos de canto, pude notar a atenção que ele destinava a cada palavra da frase cantada. Palavra e nota deveriam estar em perfeita sintonia, independentemente da língua empregada. A boa dicção era imprescindível, o texto devia ser preliminarmente traduzido para o nosso dialeto (língua materna) a fim de que o cantor obtivesse maior expressividade; os *crescendos* e *diminuendos* das frases também precisavam ser controlados para que a frase cantada adquirisse maior comoção.

Nos demais instrumentos ele exigia a mesma clareza sonora. Para isso era comum solicitar dos instrumentistas de cordas a melhor arcada e uma execução das frases bastante lenta, para que obtivessem uma afinação perfeita. A mesma exigência era solicitada dos demais instrumentistas. Clareza e fluência sonora, rítmica correta, respirações exatas, entre outras habilidades, eram questões que ele trabalhava frequentemente com os alunos.

Com respeito ao **andamento**, Bianchi relatava que o intérprete tinha o direito de alterar a velocidade de uma frase ou de uma sessão musical de acordo com o sentido musical que a obra era capaz de transmitir. Ele dizia que no passado os andamentos eram executados de maneira bem mais lenta do que na atualidade. O aumento do número de vibrações na afinação das orquestras sinfônicas modernas alterou os andamentos; a afinação cada vez mais alta, mais aguda, também ocasionou mudanças gradativas nos andamentos sempre para cima e trouxe para as composições, maior intensidade sonora e andamentos mais rápidos. Outro fator relevante de alteração de andamentos surgiu após a criação do metrônomo, que anterior ao ano de 1816, não existia. Todos os números de pulsação dos andamentos anteriores as estas datas não são originais, foram marcados pelos revisores das editoras musicais. Diante desses fatos, o professor sempre relatava: "deixem a interpretação das frases musicais e a numeração das pulsações rítmicas por conta dela (da sensibilidade). Ela é que determinará se você tem que tocar em uma pulsação mais rápida ou mais lenta. A sua sensibilidade é soberana" (BIANCHI, apostila, p. 61).

A mesma direção foi relatada por Peter Hill, no capítulo '*De la partitura al sonido*', quando expõe uma experiência pela qual ele passou ao estudar com o compositor Messiaen:

> Cuando comencé a estudiar la música de Messiaen, las diferencias frecuentemente mínimas de sus ritmos hicieron que me esmerara por lograr una precisión extrema; pero cuando finalmente tuve la oportunidad de estudiar con él, ese aspecto de mi ejecución le pareció mecánico. Messiaen opinaba que el ritmo y el fraseo deben ser flexibles, y por más compleja que sea la notación, la música nunca há de sonar "como un estudio". Para Messiaen, la labor del intérprete es inferir el significado y el " carácter" de lo que está escrito en la partitura- como en el " Nachtlied" de Schubert (RINK, 2017, p. 158).

Há que se observar, no entanto, os ensinamentos de Leimer & Gieseking com relação a adoção de uma liberdade e flexibilização do ritmo em uma obra. Primeiramente se faz necessário a utilização do metrônomo e a correta execução do ritmo determinado na partitura para que depois o intérprete possa flexibilizá -lo, inclusive com relação a real adequação do silêncio contido na obra:

> He hallado siempre que partiendo de una ejecución estrictamente metronómica se puede desarrollar fácilmente la libertad rítmica en la que llega uno a sentirse cômodo sin mayor dificultad. Lo contrario sucede con una ejecución basada en falta de precisión de los valores de las notas, que luego es difícil transformar en correcta, y grabar com exctitud en el oído (LEIMER, 1938, p. 17-18).

O **fraseado** para Walter Bianchi, está presente nas ideias contidas em um determinado trecho musical e recebem o nome de motivo. São ideias que se desenvolvem de maneira a formar meias frases, frases inteiras, períodos e sessões. O fraseado é a parte mais importante do processo interpretativo, pois nele está presente a melodia. Esta é que motiva as diversas interpretações e nesse particular cabe a máxima que ele sempre empregava: "Não se deixem influenciar ou copiar a interpretação dos outros. Elas servem como estudo. Pesquise. Filtre a música na sua sensibilidade. A melhor interpretação é a sua (BIANCHI, apostila, p. 76).

Tanto Uhde&Wieland como W. Bianchi buscam a coerência interpretativa presente em cada frase musical, seus pontos de tensão e repouso e uma qualidade sonora diferenciada. Para Uhde&Wieland, nota alguma deve permanecer indiferente temporalmente e o ponto culminante da frase é assim entendido:

> O ponto culminante, pela sua alta tensão interior, contém tanta força impulsora como força de gravidade, sendo frequentemente, a sensação do primeiro, mais forte. [...] o conceito de peso, de centro de gravidade torna-se problemático, quanto inaplicável na prática interpretativa quando a culminação se localiza entre os sons [...] principalmente em uma pausa[...] as pausas musicais também devem ser articuladas com dinâmica e agógica, também elas devem ser questionadas sobre suas funções no interior da *Zeitgestalt* (FUKUDA, p.42- 43-48)

W. Bianchi, por sua vez, mais preocupado em interrelacionar as diversas frases de uma composição, de certa forma referenda parte do discurso de Uhde& Wieland com outras palavras:

> [...] não se pode pensar em frases hermeticamente fechadas. Todas as frases têm relação entre si. Temos que ver o desenvolvimento da obra musical e aí estabelecer a relação numérica entre uma e outra frase musical. Cada frase tem que ter uma relação com a frase anterior e estabelecer uma conexão com a frase posterior [...] Na frase musical eu penso nota a nota. Não é complicado você encontrar o começo e o fim de uma frase. O difícil é buscar o seu clímax [...] Esse clímax só vai ser encontrado se você trabalhar a sua sensibilidade [...] Nesse ponto eu vejo a relação da música com a linguagem falada [...] A medida que você me envolve no seu discurso, aumenta a minha emoção, a minha sensibilidade [...] O meu esquema interpretativo não é fechado. Ele é um esquema absolutamente aberto [...] Para mim, existe uma regra geral: " toda frase musical tem começo, meio e fim e sempre está relacionada com a frase anterior". Essa é a regra básica (Bianchi apud LIMA, 2005, p. 98-99).

Todos esses cuidados interpretativos envoltos em sua metodologia revelam que a sensibilidade mencionada por Walter Bianchi, não detinha um caráter puramente subjetivo ou psicológico, ela estava bem mais voltada ao cumprimento de padrões musicais que ele considerava relevantes. A articulação, a pontuação, a dinâmica, o fraseado, a correta execução dos gêneros musicais, eram repassados aos alunos de forma gradativa. Ele iniciava esta formação fazendo o intérprete executar obras do repertório clássico que, na sua concepção era o repertório mais fácil de ser interpretado. A sua preocupação com o traçado melódico nas frases também era bastante recorrente em sua metodologia:

> O estudo minucioso da teia melódica resolve todos os problemas interpretativos [...] até na música de vanguarda o problema da interpretação está sempre na melodia. [...] o aluno tem que aprender as bases da interpretação em obras mais simplificadas, para depois interpretar os românticos e os modernos. [...] Você vê? A música que pede tudo, não sou eu [...] É importante trabalhar a articulação, a pontuação, a dinâmica e o fraseado [...] Para mim, não existem regras de interpretação, existe apenas a estrutura da música, a forma como ela se apresenta nas várias épocas [..] Você, antes de mais nada, precisa saber como utilizar esses recursos técnicos no momento da execução[...] Você tem que tocar a música, sentir as frases e filtrar tudo na sua sensibilidade. [...] Tudo depende da estrutura e do plano dinâmico de cada música. [..] Eu preservo os estilos [...]. As dinâmicas precisam ser sentidas durante a execução. [...] É importante a reflexão no processo interpretativo (Bianchi apud LIMA, 2005, 101-120)

Bianchi chama de ponto culminante o clímax de uma frase musical. É a nota de maior volume sonoro na frase, é a nota em que o intérprete deve atribuir maior força, pois ela é o fim de um crescendo natural que posteriormente se encaminhará para um decrescendo contínuo, até chegar à morte. Este professor admite a existência de três modalidades de ponto culminante: 1- masculino, quando o crescendo natural da frase segue até a nota de um tempo forte; 2- feminino, localizado no tempo fraco, é mais suave e delicado, muito utilizado no repertório romântico; 3- duplo, utilizado quando o intérprete quer evitar um toque exagerado no ponto culminante, o que tornará a frase muito áspera; trata-se, portanto, da junção de um clímax masculino e feminino. Nesse tipo de clímax, a frase passa a ter maior amplitude sonora, sem que se forçe o ataque. Também podem ocorrer outras formas de clímax: triplo, quadruplo, entre outros (LIMA, 2005, p. 61) [11].

Já com uma saúde bastante debilitada nos anos que antecederam a sua morte, ele, mesmo com a audição e a visão um tanto precárias, conservava

11 Os exemplos desses pontos culminantes estão relatados no capítulo contendo os trechos musicais.

em sua memória o destino fraseológico de uma determinada obra. Eu não precisava executar uma determinada obra para que ele soubesse como conduzir suas frases. Bastava dizer o nome da obra e o compositor para que ele começasse a cantar cada uma das frases, indicando a relação numérica[12] que ela detinha com relação a frase anterior e o ponto culminante de cada uma delas. Ele sempre dedicava uma atenção especial a melodia contida em uma determinada frase[13]:

> O segredo da boa interpretação é trabalhar bem a melodia. A beleza da execução musical está na melodia. [...] Via de regra a melodia mais aguda é a principal, é a mais importante, mas existem exceções. Muitas vezes temos um contracanto e, nesses casos, necessariamente, ele tem que estar subjugado à melodia principal. O contracanto se serve da melodia principal para florear a frase. As vezes nós temos uma variação melódica que também tem que estar subjugada à melodia principal. A melodia principal comanda tudo. Tudo o mais é acessório (Bianchi apud LIMA, 2005, p. 109).

Em suas entrevistas e nas aulas ministradas fica evidente que a sensibilidade a que ele insistentemente se reportava era pensada sob uma perspectiva iminentemente musical e não tanto emocional ou subjetiva. Até mesmo as questões técnicas voltadas para um determinado instrumento eram trabalhadas em aula.

Vários procedimentos interpretativos enunciados por W. Bianchi são amplamente discutidos e exemplificados por diversos estudiosos em publicações mais recentes. F. Dorian, por exemplo, na publicação intitulada *Historia de la Ejecucion Musical* (1996) traz para análise um argumento retirado da enciclopédia de J. G. Sulzer, intitulada *Allgemeine Theorie der schönen Künste,* publicada em Leipzig, no ano de 1792, que de certa maneira corrobora as afirmativas e procedimentos de execução tanto do Prof. Bianchi como os de Uhde& Wieland:

> La primera nota de um compás en el interior de una frase no debe sobreacentuarse. De no tenerse en cuenta esto puede estropearse toda la interpre-

12 A graduação numérica adotada pelo professor será avaliada no capítulo seguinte.

13 A preocupação melódica deste professor está muito relacionada ao fato de ele ser um oboísta – um instrumento de natureza melódica.

> tación. Las cesuras son las comas de la canción, que, como en el lenguaje hablado, deben ponerse de manifiesto por un momento de relajación. Esto se consigue bien dejando que la última nota de la frase desaparezca y luego atacando firmemente la siguiente, bien disminuyendo el sonido hacia el final de la frase y aumentándolo al comenzar la siguiente (DORIAN, 1996, P. 133)

Dorian, nesta publicação, revela que a dinâmica, a repetição fraseológica, as condições acústicas de uma sala de concerto, o equilíbrio sonoro, o estilo, os andamentos e as pequenas separações entre uma frase e outra devem ser objeto de análise antecipada por parte do intérprete, para que possa haver uma execução musical de sucesso.

O regente e pianista Daniel Barenboim, por sua vez, corrobora esse comportamento, reportando-se à física do som:

> Eu não penso que exista uma verdadeira interpretação da música como tal. Primeiro tem de começar pela realização física do som. [...] Em se tratando de som, você tem de lidar com leis da física: o efeito do som numa sala, o espaço e o tempo, essas coisas todas. [...] executar essa partitura em público ou mesmo tocá-la em casa envolve um ato físico que requer do músico entendimento e conhecimento do aspecto físico da música, que tem a ver com acústica, que tem a ver com som harmônico, que tem a ver com relação harmônica. [...]se o texto diz *crescendo* para a orquestra inteira e, como regente, você deixa todos os instrumentos participarem, você está sendo fiel ao texto, mas peca por omissão: omite muitas coisas porque elas não são mais ouvidas (BARENBOIM & SAID, 2003, p. 125-7).

Para Barenboim, o som enquanto fenômeno físico tem uma relação constante e inevitável com o silencio, portanto, a primeira nota de uma frase musical surge do silencio que a procede. Um som tem sua vida limitada no tempo, portanto, a relação dele com o mundo físico precisa estar presente na mente de um intérprete. Por vezes, as frases musicais têm o acento na primeira nota, exigindo do intérprete uma ruptura brusca com o silencio, outras, entretanto, exigem uma ruptura mais branda. Barenboim traz um exemplo para esse argumento: "En la *Sonata Patética,* el acento en la primera nota marca una ruptura muy definida del silencio. En la *op. 109*, es imperativo no empezar con un acento en la primera nota, porque el acento, por definición, interrumpiría el silencio" (BARENBOIM, 2008, p. 19). Para esse autor, a nota final de uma frase tem o mesmo tratamento, pois se a primeira nota está relacionada com o silêncio que a precede, a última nota deverá estar relacionada com o silencio que se segue:

> [...] la música es un espejo de la vida, porque los dos empiezan e terminan en nada. [...] Como toda nota producida por un ser humano tiene una cualidad humana, el final de cada una produce una sensación de muerte y, a través de esta experiência, se da una transcedencia de todas las emociones que estas notas pueden producir en su corta vida. [...] De este modo, la música es más que un espejo de la vida; está enriquecida por la dimensión metafísica del sonido, que le da la posibilidad de transcender las limitaciones físicas del ser humano. (BARENBOIM, 2008, p.19-20).

A expressividade na música para Barenboim também reside na relação que se estabelece entre uma nota e outra dentro de determinada frase e na relação que se cria entre uma frase e outra. Essa tarefa leva o intérprete a integrar todos os elementos que compõe a música em um único contexto. Ele relata que na música tudo deve estar constante e permanentemente interconectado; todos os elementos da música têm de estar inter-relacionados.

P. Casals, de maneira similar, relata que o desenho de uma frase musical deve se adequar às mesmas regras que permeiam a natureza. Toda frase musical está impregnada de um incessante fluxo e reflexo, de uma vibração contínua. Elas se sustentam por um movimento de energia que flui de uma nota para outra: "Toda nota es como el eslabón de una cadena, importante en sí misma y como conexión entre lo que há sido y será"(Casals, apud BLUM, 2000, p. 35). Nesse sentido, as variações de dinâmica, flexibilização rítmica, articulação diferenciada e os demais elementos de uma frase devem seguir uma ordem natural. São frequentes os comentários desse celista e regente relacionando as leis da natureza com a música:

> Uma nota acentuada, *decia,* destacará y mantendrá su valor no tanto por su especial intensidad como sobre todo por la sombra que la sucede. Estas observaciones tienen su paralelo en una ley de la naturaleza: gritemos muy alto y observemos el diminuendo sin fin que sigue. La interpretación de la música no puede excluir esta realidad tan natural. *Como ilustración gritaba* "¡Hey!", *y continuaba explicando que:* cuando hacemos este esfuerzo

> en aplicar un acento, nuestros pulmones se vacían rapidamente. Lo damos todo, y viene el diminuendo. Sucede exactamente igual con las notas (BLUM, 2000, p. 65).

Muitas vezes Pablo Casals pedia aos instrumentistas que cantassem determinada frase, pois considerava que o sentido melódico delas era similar ao da arte vocal. Assim ele se pronunciava com relação a interpretação das frases musicais: "Cantar no deberia ser nunca un simple movimiento de avance: tiene que contar com un flujo dramático, deslizarse en suaves olas rítmicas que se sucedan en armonia" (BLUM, 2000, p. 35 e 39). O mesmo comportamento também foi adotado tanto por Uhde& Wieland, quanto por W. Bianchi. Esses intérpretes admitiam que a melhor forma de encontrar o ponto culminante de uma frase era cantarolar.

O texto de Stefan Reid, intitulado *Preparándose para interpretar* (RINK, 2017, p.131), também retrata a importância de o intérprete cantar uma melodia ou frase musical. Corroborando a fala do pianista Georgy Sándor, ele afirma que podemos aprender muito escutando e observando os bons cantores, que podem respirar e frasear com muito mais liberdade e espontaneidade do que qualquer instrumentista. Reid relata que a escuta contínua dos cantores é capaz de desenvolver uma interpretação melódica eficaz, ensinamento já propagado pelo ilustríssimo C. P.E. Bach, quando recomendava aos instrumentistas que cantassem suas melodias como uma forma de aprender. Segundo Reid, ao cantar uma linha melódica, o intérprete se separa da técnica, permitindo que surja um contorno expressivo que pode ser imitado nos instrumentos. É um procedimento comparativo que ajuda a interpretação, pois a melodia vocalizada atua como uma imagem mental capaz de enlaçar as notas da linha melódica em uma sequência expressiva.

Seguindo com a narrativa, os apontamentos voltados para o andamento, o ritmo, a harmonia, a dinâmica, a forma de articular o som, também foram avaliados tanto por Barenboim como por Casals. Vejamos alguns desses apontamentos:

> Se você consegue realmente construir uma frase com um som contínuo, de modo que cada nota se sucede à anterior – começa onde a nota anterior terminou e acaba onde começa a nota seguinte -, você já tem, por meio desse elemento som, um elemento de tensão e alguma coisa que o mantém

> no ar, porque, do contrário, o som cairia, cairia no chão. E, portanto, sem qualquer dinâmica, antes mesmo de você começar tudo isso, há no som um elemento de tensão que simplesmente não existe nas palavras. Outro ponto muito importante para mim é que, se você estuda música no sentido mais profundo da palavra – todas as relações, a interdependência das notas, das harmonias, do ritmo, e a conexão de todos esses elementos com a velocidade; se você tem em mente a irrepetibilidade essencial da música, o fato de que ela é diferente a cada execução, porque ocorre num momento distinto -, você aprende muita coisa sobre o mundo, a natureza, o ser humano e as relações humanas (BARENBOIM, 2003, p. 129).

Para Barenboim, interpretar consiste em saber o que cada nota significa no contexto da obra, qual seu lugar no acorde, tanto do ponto de vista vertical quanto do horizontal. Nesse sentido, a linha melódica e o ritmo caminham na horizontal, mas o acorde e a harmonia produzem uma pressão vertical:

> En el mundo del sonido, ni siquiera la muerte es necesariamente definitiva[...] Las notas que se siguen una a outra funcionan claramente dentro del inevitalble passo del tiempo. La expressividad en la música viene de la relación entre las notas, lo que llamamos *legato* en italiano, que no significa más que ligado. El *legato* impede que las notas desarrollen sus egos naturales y alcancen tanto importância que eclipsen a la precedente. Cada nota debe ser consciente de sí misma pero también de suas propios límites; [...] Cuando se tocan cinco notas ligadas, cada una de ellas lucha contra la fuerza del silencio que quiere quitarle la vida y, por tanto, se halla en relación con la nota precedente y la siguiente (BARENBOIM, 2008, p. 20-1).

P. Casals, igualmente, considerava importante que as frases fluíssem de forma natural, de uma nota a outra, com variedade dinâmica, flexibilidade rítmica, cor e entonação. Muitos exemplos de condução fraseológica foram inseridos na publicação de Blum (2000, p. 31 a 63). Mudar um timbre, alargar um ritmo, amortecer em um ponto culminante conferindo à nota um suave mistério, eram alguns dos procedimentos que Casals frequentemente utilizava em suas interpretações. No caso de repetições tanto de uma nota como de uma frase era necessário comunica-la com algum tipo de variação, prática bastante adotada por W. Bianchi. Para Casals os níveis dinâmicos não deveriam se manter constantes, dentro do forte era importante criar espaços para uma evolução flexível dos matizes. As repetições melódicas tanto de nota como de frase poderiam conter uma sutil variação na intensidade. As inflexões dinâmicas podiam responder a subida ou descida de altura. As notas largas também podiam aumentar de intensidade, contribuindo para o desenvolvimento da linha geral. Vejamos alguns de seus conselhos:

> Si el diseño es ascendente, hemos de dar algo más de sonido; si es descendente, un poco menos. Esto no significa que no haya excepciones; siempre hay excepciones. Pero esta es la regla general. No tengan miedo; seamos naturales.
> Generalmente, una nota larga significa *crescendo* o *diminuendo* [...] Tenemos que saber cuánto poner, dependiendo de lo que haga la música. La nota tiene algo que decir; nosotros devemos dar forma, expresión, interés. Una repetición imediata debería significar contraste - un poco más *forte* o *piano*, un cambio de color. Si no, no es música. Variedad,¡ en esto consiste el arte! (Casals apud BLUM, 2000, p. 36)

Para este violoncelista, encontrar o desenho da frase, a boa dicção para os instrumentistas dos diversos naipes, perceber as relações temporais e especialmente a interpretação para os instrumentos de cordas eram ações interpretativas bastante pertinentes. Sua interpretação, assim como a de Bianchi, acompanhava o fluxo da natureza, pois esta para ele era impregnada de um incessante fluxo e refluxo, que se manifestava na troca das estações, na alternância do dia e da noite, no movimento das marés. Ele considerava que a oscilação contínua era o coração da vida biológica - o bater de nosso coração, o ritmo de nossa respiração. Entretanto, estas flutuações não se restringiam apenas aos fenômenos físicos; nossos pensamentos, fantasias, emoções e sonhos também fluiam em ondas que se expandiam por diferentes pontos culminantes antes de decrescer. Assim pensado, Casals considerava que a música participava deste fluxo e refluxo na interação entre tonalidade e modulação e no contrapeso entre unidade e diversidade que configurava sua forma. Para ele, dentro dos grandes espaços estruturais existiam ondas menores que expressavam intensidades melódicas, rítmicas e harmônicas onde estava contida a incessante vida da música (BLUM, 2000).

Esse pensamento está presente em todos os procedimentos interpretativos de Casals e em boa parte dos exemplos musicais indicados por Blum. Questões envolvendo notas repetidas, sequências melódicas, entre outras, podem servir de modelo para a execução de muitas obras.

É interessante observarmos a similaridade de pensamento desse instrumentista com a de Walter Bianchi quando ele afirma que as notas repetidas em uma frase e mesmo as frases repetidas não deviam ser executadas de forma igual, elas deveriam seguir o mesmo trajeto das palavras de uma frase. Blum introduz em sua publicação inúmeros exemplos de interpretação de frases produzidas por Casals (BLUM, 2000, p. 47 a 53). Bianchi, por sua vez, seguindo os ensinamentos de seu professor Marcel Tabuteau, afirmava com frequência em suas aulas para nunca tocarmos duas notas iguais (LIMA, 2005, p. 97). Essa ação interpretativa também é confirmada no depoimento do pianista e regente D. Barenboim quando afirma que aquilo que a música tem de mais extraordinário é a irrepetibilidade (BAREMBOIM & SAID, 2003, p. 40).

Casals considerava de importância fundamental, valorizar as sutis relações de tom e semitom em uma estrutura escalística ou nas sequências melódicas, introduzindo sempre modificações de cor e intensidade. Ele considerava que a incessante acumulação de tensão nas frases trazia ao texto musical um impacto emocional relevante. Algumas de suas falas podem elucidar parte do seu pensamento:

> [...] !La repetición en la música significa más *piano* o más *forte,* como cuando hablamos; en la música es lo mismo, dar expresión, y luego más expresión". "La nota más alta debe oírse – como si se cantase-, mezzo forte por lo menos. No está indicado en la partitura, tampoco importa. ¡ Hay cientos de cosas que no están marcadas!", exclamaba. "¡ No den notas, den el significado de las notas!" (BLUM, 2000, p. 63).

Com respeito a boa dicção das notas no instrumento, Casals dizia que o intérprete deveria colocar mais clareza nas notas finais da frase que terminam em *diminuendo,* ou seja, o intérprete deveria assegurar a continuidade da linha melódica gradualmente. Dizia: "¡Toda nota debe ser clara!", rezaba el mandato inexorable. Hasta la nota más suave de una frase debia conservar su vitalidade" (BLUM, 2000, p. 75). Vários são os exemplos, nesta publicação, mostrando como devem soar as frases musicais em determinadas obras.

Barenboim também produz relatos sobre aspectos relevantes relacionados a interpretação. Questões envolvendo o andamento, tempo e espaço na música, o *rubato* e outras tantos pontos são motivo de análise. Sobre o tempo e o espaço musical no processo interpretativo, este regente assim se expressa:

> [...] voltamos à questão de tempo e espaço, que é o alfabeto da atividade musical [...] Eu vejo o espaço de duas formas: como algo concreto e como metáfora. Se uma obra como o movimento lento da Nona Sinfonia de Beethoven é executada com um mínimo senso de tensão que está sendo criada pelas harmonias, obviamente você vai precisar de um andamento mais rápido do que se tivesse todas as tensões internas das harmonias dentro dos acordes puxando, empurrando, roçando umas nas outras. Nesse caso você vai precisar de mais espaço e vai precisar de mais tempo [...] Também é um pouco o equivalente da perspectiva na pintura: embora haja um único plano, você tem a impressão de que alguns elementos estão mais próximos e outros estão mais distantes. Dá para fazer isso tonalmente [...] É uma questão de disposição no espaço e é uma questão da pressão do vertical sobre o horizontal. Pode-se fazer isso; e também com o piano, que é realmente o instrumento da ilusão: tudo o que se faz no piano é ilusão. Você cria a ilusão de um crescendo. Você cria a ilusão de um diminuendo numa única nota. Você toca mediante o conhecimento harmônico (BARENBOIM & SAID, 2002, p. 86).

Para esse pianista os andamentos também devem ser flexíbilizados. As alterações de andamento durante a interpretação devem ser imperceptíveis para conseguir expressar o seu conteúdo inerente. Elas não podem ser muito evidentes para que a forma musical não se desintegre, mas é importante que sejam flexíveis:

> O andamento está sempre relacionado com o conteúdo, e muitos músicos cometem o erro fatal, a meu ver, de definir o andamento antes de mais nada. Eles seguem o metrônomo, às vezes indicado pelo compositor, e o metrônomo inevitavelmente é rápido demais, porque, quando anota a indicação, o compositor não tem o peso do som, tem só a ideia na cabeça. Você pode recitar um poema que sabe de cor em dois segundos, mas você nunca o leria em voz alta em dois segundos. E, portanto, as indicações metronômicas dos compositores são inevitavelmente rápidas demais, [...] De qualquer modo, isso tem levado muitos músicos a definir antes de mais nada o andamento e depois ver em que conteúdo se encaixa. E não se pode fazer isso. É exatamente o contrário. É o conteúdo que determina o andamento. Evidentemente tudo isso é relativo, e há uma certa velocidade necessária para expressar um certo conteúdo [...] estamos tão obcecados com essa história de andamento que o conteúdo está se tornando um elemento à parte, absolutamente separado [...] A anatomia da música é exatamente esta: tudo se relaciona sempre (Ibid, p. 120-1).

Bianchi frequentemente relatava em suas aulas a importância de se atribuir uma velocidade correta para uma determinada obra. Embora admitindo que o andamento variava em razão do estado de espírito de cada intérprete e das inflexões atribuídas a cada nota da frase musical, tanto nos andamentos lentos como nos rápidos era importante que o intérprete coadunasse essas variantes à velocidade mais adequada ao texto musical. Assim, ainda que a partitura não indicasse o andamento a ser seguido, o intérprete deveria empregar um andamento coerente a estrutura musical da obra.

Nesse sentido é relevante rememorar a fala do regente e pianista Daniel Barenboim. Para ele, a música não contempla elementos independentes. O ritmo não é independente da melodia, esta não é independente da harmonia e mesmo o tempo não é independente. Se o tempo de uma partitura é executado de maneira muito rápida, o conteúdo resulta incompreensível, se é executado demasiadamente lento, também torna a música incompreensível, porque, nesses dois casos nem o intérprete nem o ouvinte serão capazes de perceber todas as relações existentes entre as notas (BARENBOIM, 2008, p. 22). No repertório tonal é necessário entender que ritmo, melodia e harmonia podem se mover em velocidades diferentes. É possível conceber variações infinitas de ritmo sem mudar a harmonia, mas é inconcebível alterar a harmonia sem que isso implique em troca tanto da melodia como do ritmo, fato que não ocorre na música contemporânea. A música tonal necessita da observação do texto, o controle de sua realização física e a capacidade do músico identificar-se com o trabalho do outro, contudo, seja a música tonal ou contemporânea, tudo deve estar constante e permanentemente interconectado. Para Barenboim fazer música significa integrar todos os elementos inerentes da própria música. Isso está presente em todas as composições de qualquer período (IBID, p. 24-25).

Retomando os ensinamentos de Bianchi, ele argumentava que nos minuetos, por exemplo, cabia um andamento diverso daquele empregado nos *scherzos,* nas valsas, nas mazurcas, ou em outros gêneros musicais. Nessa adequação temporal também deveriam estar presentes os apoios que consagravam determinado gênero musical, o uso parcimonioso dos *rubatos* e *rallentandos* em cada frase, o que mais uma vez consolida a sua preferência por uma interpretação musical racionalizada, de compreensão formal essencialmente prática:

> Hoje em dia, motivados pelo virtuosismo e pela competividade, os intérpretes alteram demais os andamentos. Toda a execução musical atualmente se faz de forma extremamente acelerada. [...] O andamento é muito pessoal, depende do temperamento do intérprete [...] mesmo assim, você precisa criar uma velocidade certa durante a execução. [...] Os alunos ficam perdidos durante a execução de uma obra lenta. Eles criam uma inconstância rítmica muito grande. Nesses casos, a unidade de tempo não pode ser a figura mais longa, mesmo que esteja marcada na partitura. Aí, a unidade de tempo tem que ser a figura mais curta. Ela que vai marcar a pulsação. [...] [...] O minueto é uma dança, precisa da acentuação no primeiro tempo. É como um passo em *andante* [...] O *scherzo* é um minueto mais rápido, é uma dança executada em um, devido à rapidez do andamento [...] É preciso ouvir a música para diferenciar um gênero composicional do outro (Bianchi apud LIMA, 2005, p. 114-115).[14]

Bianchi considerava o *rubato,* o *ritenuto e o rallentando,* variações de velocidade bastante utilizadas no romantismo sob circunstâncias diferenciadas. Ele geralmente sempre empregava nos finais de movimento o *rallentando*, onde a lentidão é necessária como uma forma de encerrar uma estrutura ou trecho musical de maneira equilibrada e não de maneira abrupta. O *rallentando* era uma maneira de conduzir a música para o silencio absoluto de onde ela surgiu. Nesse intento ele fazia uso da sua habitual graduação numérica (rallentando 1, rallentando 2, etc) até atingir o silencio absoluto. O *rubato,* diferentemente, roubava efetivamente o tempo de um trecho musical qualquer e necessariamente deveria ser compensado em outro momento, com o intuito de trazer novamente o equilíbrio temporal para a peça executada. Já o *ritardando* ou *ritenuto* teria como proposta retardar um pouco a velocidade original de uma frase ou de uma nota sem distorcer em muito a sequência temporal do trecho, o que trazia para a frase interpretada maior impacto sonoro e expressividade.

Casals reservou o mesmo cuidado nas alterações rítmicas a serem produzidas em uma determinada obra. Para ele qualquer tempo *rubato* deveria incluir a ideia de proporção. Ele seguia a tradição dos românticos que permitia uma liberdade expressiva na linha melódica ao mesmo tempo em que respeitava a continuidade rítmica. Por vezes ele se permitia suspender a frase em um instante de beleza atemporal e logo em seguida retomava o ritmo in-

---

14 O livro *Les Formes de la Musique de André Hodeir* (1980), traz explicações sucintas no que se reporta as formas e exemplos dos principais gêneros musicais.

dicado: "Hablamos de democracia y libertad, pero con orden. Uno no puede sencillamente hacer lo que quiera; en la música ocorre lo mismo" (Casals apud BLUM, 2000, p. 105).

O intérprete ao executar um *ritardando* também precisava tomar muito cuidado no intuito de preservar a estrutura rítmica da obra. As vezes um simples diminuendo parecia ser a solução mais acertada. Para este violoncelista a organização rítmica do texto musical consistia em relacionar as pequenas unidades de tempo às maiores, além de integrar uma variedade de matizes dentro de um tempo principal. A velocidade fundamental de uma obra só poderia ser alterada por uma necessidade inerente a ela.

Como exemplo, Casals indica o conteúdo poético da *Quarta Sinfonia de Beethoven*, livremente expressado por meio de leves flutuações no tempo. Ele continha delicadamente o tempo na transição do segundo tema para chegar a *un poco meno mosso*, cheio de encantamento, sem perder a continuidade rítmica:

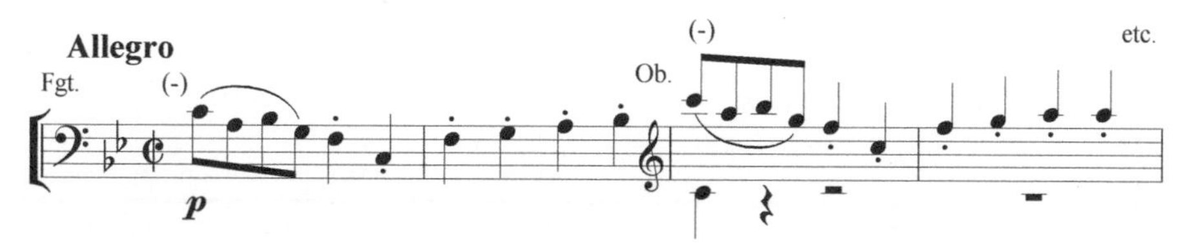

Trecho musical extraído de BLUM, 2000, p. 106.

A relação rítmica proporcional entre um tempo e outro também existia em suas interpretações. Certas composições, pela própria necessidade, podiam expressar um tempo *rubato* não só dentro da frase como também ao longo de extensas sessões. Contudo, essas modificações de tempo não eram arbitrárias, tampouco interferiam na unidade musical global da obra, já que os valores rítmicos deveriam responder instintivamente ao impulso expressivo da melodia, e as notas sempre estavam relacionadas umas com as outras por um sentido de proporção.

Daniel Barenboim adota o mesmo sentido expressado por Bianchi e Casals nas alterações rítmicas. Para ele o tempo *rubato* consiste em atribuir uma qualidade subjetiva ao tempo objetivo. Nesses casos, o ouvido é que deve nos guiar. No tempo *rubato* fica preservada a pulsação interna, mas o intérprete tem a liberdade de introduzir modificações imperceptíveis ao tempo determinado. Essas modificações são um exagero, mas nunca uma alteração de determinados elementos do ritmo e devem durar por um pequeno espaço de tempo para não se perder o contato com o tempo objetivo da obra. É interessante seu relato quando argumenta que até mesmo certas modulações podem afetar o andamento de uma obra. Como exemplo ele vê a recapitulação do tema principal da tonalidade de Mi bemol na *Sinfonia Heróica de Beethoven* para a tonalidade de Fa maior que traz para a obra uma perspectiva rítmica diferenciada. Para este regente e pianista a modulação pode se relacionar ao conceito de tempo, quando o compositor procura alcançar uma perspectiva expressiva distinta da tonalidade inicialmente empregada. Nesses casos o intérprete deve dedicar uma quantidade de tempo suficiente para retornar à tonalidade original. Outro exemplo encontra-se na *Nona Sinfonía de Beethoven*, quando a música se detem completamente em um acorde *sostenuto fortíssimo*, na emissão das palavras " *Und der Cherub steht vor Gott*" (o querubim está diante de Deus). A modulação vai de Lá Maior para Fá Maior na última repetição das palavras "vor Gott", que se repetem independentemente do resto da frase. Esta modulação cria um novo tempo, um novo compasso e atribui ao texto um novo sentido que leva a frase a uma direção diferente (BARENBOIM, 2008, p. 30-32).

Os relatos até agora produzidos revelam uma adequação entre os procedimentos interpretativos adotados por Walter Bianchi, Uhde& Wieland e outros estudiosos que publicaram obras sobre essas questões. Muito mais há a se relatar sobre o assunto. Esperamos, entretanto, que os exemplos introduzidos no final desta publicação possam ampliar o conhecimento de alguns desses procedimentos. O capítulo que segue vai expor em que medida o Prof. Walter Bianchi conferiu ao processo interpretativo uma condução natural e equilibrada.

Por uma interpretação natural e equilibrada

> *L'expression musicale doit par conséquence avoir sa technique, comme la technique a son expression, et non seulement immanente, mais encore parfois psychologique, quoique celle-ci devienne réelle seulement lorsqu'elle adhère au vécu et à l'univers d'intuition créatice extra-musicale qui s'exprime en utilisant les moyens techniques de manière que l'expression se trouve réalisée e manifestée* (SUPICIC, 1957, P. 38)

Uma questão importante a ser avaliada nessas duas metodologias - a de Bianchi e a de Uhde&Wieland, concentra-se na adoção de uma técnica interpretativa equilibrada e natural. Corroboram essa iniciativa os enunciados do regente e pianista Barenboim e do violoncelista P. Casals, entre outros. Para que isso ocorra Uhde&Wieland adotam padrões interpretativos focados no equilíbrio constante entre a agógica e a dinâmica. Há que se considerar o relato da pianista Margarida Fukuda no apêndice 2 dessa publicação, enviado em 22 de julho de 2019:

> Uhde e Wieland não definem a frase musical. Na minha opinião, é possível identificar a frase musical na metodologia dos autores, como um detalhe, ou seja, a menor ideia que forma um sentido completo, uma *Mikrozeitgestalt*, ou microforma temporal. A frase, dentro do processo interior de uma música, deve ser compreendida em seu duplo sentido: cada frase é por si

> um todo, e ao mesmo tempo apenas parte do todo, apenas um momento no processo do todo, que necessita de complementação. A frase forma um todo, contanto que forme uma unidade de sentido. Por sua vez, a condição para o sentido é a unidade interior de sua evolução temporal. Apenas o que o seu impulso interior desenvolve até a culminação, encontrando o seu próprio fim, preenchendo assim o arco do seu tempo, terá sentido. [...] Uhde e Wieland consideram de fundamental importância para o trabalho da interpretação, a construção de uma relação dialética entre a micro e a macroestrutura, tendo como ponto de partida a análise da tensão interior da menor unidade de sentido e sua inter-relação com o todo. Desta forma, as frases, ou seja, as *Mikrozeitgestalten*, são integradas pelo intérprete a unidades cada vez maiores em forma de camadas, até formar o todo. É possível entender que isso justifique a importância das frases (ANEXO 2, 2019, 1-2).

Bianchi, por sua vez, busca esse equilíbrio fraseológico em princípios que regem a própria natureza, conforme já mencionado em capítulos anteriores. Para que isso ocorra com maior exatidão, ele utiliza uma graduação numérica em todo o processo interpretativo, de forma que as ações do intérprete possam ser devidamente escalonadas. Essa foi a maneira mais coerente que o professor encontrou para graduar os procedimentos interpretativos, pois ela traz para a interpretação, maior objetividade e ao intérprete mais segurança. Ela é utilizada tanto na dinâmica; nas notas que compõem a frase musical; nos ornamentos, nas cadências, nas quiálteras, nas alterações de andamento em função do uso de *ritardando*, *ritenuto, accelerando*, *rubato;* no equilíbrio sonoro e timbrístico exigido nas partituras orquestrais e, no repertório camerístico, pois as mudanças rítmicas, as alterações de andamento e de dinâmica só podem acontecer enquanto sistemas de compensações que se alternam no transcurso da partitura. Muitos intérpretes que estudaram com esse professor, consideram esta ação uma forma original de trabalhar o processo interpretativo.

É quase certo que sua ligação com leituras ligadas à cosmologia tenha influenciado suas ações interpretativas, no sentido de trazer para a música o mesmo equilíbrio e proporção que está presente nas leis que regem a natureza, portanto, a graduação numérica que ele empregava nada mais significava do que uma maneira prática e objetiva de trabalhar os processos interpretativos.

Vejamos o que dizem os filósofos hermetistas a respeito da noção de equilíbrio e proporção presente no cosmo e que não foi palco de discussão de

Uhde& Wieland, mas, de certa maneira, está bem presente na metodologia do Prof. Bianchi e explicita na fala de Pablo Casals e Daniel Barenboim, sob um contexto um pouco diferenciado:

> Todas as atividades do Cosmo são equilibradas e compensadas, e manib festam uma condição de contrapeso, equilíbrio e contraponto. Tudo está em equilíbrio [...] Os Ocultistas sempre reconheceram e ensinaram a importância de se observar a Lei do Equilíbrio - o empenho em viver de tal modo que torne possível conseguir e manter o equilíbrio moral, racional e emocional, ou "permanecer no caminho do meio"; o equilíbrio obtido pelos Pares de Opostos graças à observação do Meio-Termo entre eles -, que é o centro dos dois extremos. Esse equilíbrio requer muito conhecimento, discriminação penetrante, percepção e observação eficientes; e sua expressão ideal, ainda que frequentemente buscada, mas, em termos relativos, raramente alcançada em sua perfeição. Na simbologia esotérica, é quase sempre comparada ao conhecido "andar na corda bamba" (ATKINSON, 2018, p. 313 e 314).

A pianista Maria Elisa Risarto considera de grande utilidade a adoção da graduação numérica para equilibrar os procedimentos interpretativos adotado pelo professor, utilizando-a habitualmente em suas execuções e em sua prática docente:

> Na maioria das vezes, os professores não sabem explicar para os alunos como eles devem se comportar diante dessas liberdades. Eles não têm uma técnica de intepretação tão apurada. [...] ou eles divagam demais, ou seguem estritamente a dinâmica que está indicada na partitura. [...] É nessa hora que eu afirmo que o trabalho do Bianchi não é intuitivo, porque ele **metrifica** tudo (RISARTO, apud LIMA, 2005, P. 33).

A interpretação para o professor Bianchi deve ser a mais natural e gradual possível. Técnica natural, adequação dos andamentos, leveza na execução, a vida e morte da frase musical, conferindo-lhe um nascimento, um desenvolvimento e uma destruição que se compromete a formar uma nova frase relacionada com a anterior, são indícios que comprovam a relação de correspondência que Bianchi vê entre o universo e a música. Este equilíbrio torna-se mais claro com a adoção dessa graduação numérica. Ainda que em suas entrevistas essa questão não tenha sido abordada, os depoimentos de alunos e os ensinamentos ministrados em suas aulas, demonstram que esse procedimento foi adotado pelo professor com habitualidade (LIMA, 2005, p.171 a 205). Vejamos um relato produzido em sala de aula com respeito a *Sonata em Sib maior para 4 mãos, K. 358, de W. A. Mozart, Iº Movimento – Allegro*, compasso 9 e seguintes, seguido do trecho musical correspondente, contemplando diversos procedimentos interpretativos adotados pelo professor:

> Agora eu vou ouvir a Sonia - Você tem três vezes o mesmo desenho em *mínimas*. A primeira vez, você acompanha o *crescendo* do Dante; a segunda, você vai fazer um *piano liso*[15]; mas, na terceira repetição, para dar maior movimentação e emoção à frase, você vai crescer para o acorde do primeiro tempo do compasso 9 e logo em seguida decrescer para o acorde do tempo primeiro, compasso 10. Você precisa fazer isso para que o Dante possa pegar a escalinha do compasso 10 não tão forte, senão você vai desequilibrar a subida da escala dele. Sonia, não esqueça que você está num registro grave; as vibrações, nesse caso, são mais largas e você tem que ter um volume sonoro menor, senão você vai cobrir a melodia do primeiro piano. Portanto logo no inicio depois da introdução, coloque um piano na nota *si* da mão esquerda. Outra regra é que toda vez que houver um *piano liso*, o acompanhamento deve seguir em *una corda*. Eu preciso de uma nuance diferente e a *una corda* me dá essa possibilidade.
> – Dante, esse *fá* que você tem no compasso 10 está desempenhando a mesma função do *si*, que é final de frase; portanto, ele não pode ser atacado dessa maneira. Na verdade, ele tem dupla função: ele é a conclusão da frase anterior e o início da frase seguinte, por isso ele não pode ser atacado, ele não deve ser tocado forte. Você tem que fazer a separação de frases nessa nota. É como se houvesse uma vírgula nesse trecho. – Sonia, faça exatamente o que ele fez.
> – Dante, a escalinha do compasso 10 precisa de um grande crescendo, em razão do que vem depois. Siga a melodia. Observe uma coisa. Você tem nos compassos 10 e 11 semicolcheias de cada grupo sem qualquer inflexão, não vamos sentir nenhuma emoção. É necessária uma pequena inflexão nas notas *si, sol* e *mi* de cada grupo de semicolcheias. Fica mais galante, mais limpo e num estilo mais adequado à época (LIMA, 2005, p. 177-179)

No trecho musical que se segue podemos averiguar as diferentes modalidades de graduação numérica sugeridas por esse mestre:

---

15 'piano liso' é um procedimento interpretativo utilizado pelo professor, onde todas as notas da frase são executadas com a mesma sonoridade em um piano absoluto. É diferente dos sinais de dinâmica *p, pp, ppp* que podem comportar variantes sonoras que vão para o crescendo ou decrescendo, conforme a melodia traçada.

A par dessa graduação numérica, Bianchi, em suas aulas e entrevistas, repassa aos instrumentistas, procedimentos técnicos que poderão auxiliá-lo na obtenção de uma sonoridade mais natural e adequada. No caso dos pianistas, o posicionamento da mão é de fundamental importância:

> Na minha opinião, uma posição mais curvada da mão tem peso menor do que a posição mais estendida. [...] Na posição curvada você não emprega a força total da ponta do dedo. Na posição aberta você utiliza a força da última falange. Experimente. [...] depende da estrutura da obra. Se aquilo tem que ser tocado forte, você tem que abrir mais a mão, porque na posição curva isto não vai soar forte. [...] existem instrumentistas que obtêm um som suave mesmo tocando com a posição aberta. É o caso do Horovitz. O que eu vejo é que é mais difícil tocar forte numa posição curva. [...] Nos instrumentos de sopro é mais difícil tocar forte usando o *lu*. Nos instrumentos de corda é difícil tocar forte com a crina junto da corda. *O problema está em relacionar o peso com a quantidade sonora pretendida.* [...] (sobre a técnica pianística mais adequada). Para mim, as escolas russa e alemã são mais pesadas. A escola francesa já é mais suave. Se eu fosse pianista não ia querer saber nem da escola francesa, nem da alemã, nem da americana, ou de qualquer outra escola, porque o que eu considero mais importante na interpretação é empregar o peso certo e a posição correta naquela frase específica. Eu não penso numa técnica em especial, mas no resultado sonoro que devo obter, independente dessa ou daquela técnica. [...] Você, antes de mais nada, precisa saber como utilizar esses recursos técnicos no momento da execução, uma vez que o som não é linear (BIANCHI, apud LIMA, 2005, p. 104-106).

Esta argumentação comprova o quanto é necessário a um *performer* refletir sobre os padrões técnicos que poderão ser empregados na execução de uma peça, no sentido de não prejudicar a fluência e a naturalidade do discurso musical. Como expressa Gisele Brellet:

> L'interprétation ne s'ajoute pas du sehors à la technique: ele est cette technique devenue consciente de soi et expressive en son príncipe même. Il faut que le geste recouvre as dignité perdue, qui'il ne soit plus "profané" par "l'automatisme et l'inconscience" [...] Séparer la technique de l'interprétation et travailler la technique en elle-même, c'est, pour l'exécutant, avilir ser muscles et détruire as compréhnesion intellectuelle et setimentale. [...] Faire le mouvement juste et direct, bannir les mouvements inutile, cés obtenir une conscience plus vive des sons [...] (BRELET, 1951, p. 216).

Esta questão também foi contemplada na publicação *Modernes Klavierspiel* escrita em 1931 por Karl Leimer, traduzida para o espanhol com o título *La moderna ejecución pianística según Leimer-Gieseking* e para o português por Tatiana Braunwieser, no ano de 1949, com a tradução: *Como devemos estudar piano – Leimer-Gieseking*. A tradução espanhola tem o prefácio de Walter

Gieseking e introdução de Dr. K. Rolan. Neste prefácio, Gieseking, ex-aluno de Leimer relata:

> Karl Leimer educa al alumno en primer término para el autocontrol, indicándole que se escuche efectivamente a sí mismo. Este escucharse a sí mismo con espíritu crítico es, a mi juicio, el fator más importante en todo el estudio de la música. El estudio durante horas sin concentración de la mente y del oído en cada nota del respectivo ejercício es desperdicio de tiempo. Sólo un oído adiestrado es capaz de percibir los más pequeños desequilibrios y desigualdades, cuya eliminación es lo que face de la técnica finalmente un todo cabalmente perfecto.[...] El músico en cierne casi nunca concibe cuán difícil es tocar en forma verdadeiramente correcta siguiendo exactamente las indicaciones del compositor no sólo en cuanto al mecanismo, sino también en lo que atañe a la técnica de la expresión. Esto sólo es posible con el constante dominio consciente de todos los géneros de toque y de matices, domínio que debe llegar al punto de que la representación mental de un sonido o de una frase se transforme por así decir automáticamente en los movimientos de la mano e del brazo necesarios para su producción. Para ello el sistema Leimer de evitar todos los movimientos que no sean indispensablemente necesarios y de relajar aquellos músculos que momentáneamente no estén en actividad durante la ejecución, es sin lugar a dudas el que pemirte alcanzar ese objetivo con mayor prontidud (GIESEKING,1930, p. 8 e 9).

Tatiana Braunwieser, por sua vez, revela nesta publicação, os motivos que a levaram a traduzir esta obra. Nela está expressa as bases racionais da técnica pianística: posição natural não contraída do corpo, dos braços e das mãos; movimentos exatos e medidos dos dedos e dos braços; intensidade consciente do som; obtenção de um peso natural do braço; capacidade de ouvir a própria execução com crítica; controle constante do toque a ser realizado na peça que será executada.

Apesar da publicação estar dirigida aos pianistas, muitos dos ensinamentos de Leimer podem ser adaptados para outros instrumentistas. No Prefácio dessa edição, este autor deixa claro que a técnica é produto de um trabalho espiritual, ideia que foi disseminada por outros autores e que encontra eco no depoimento de W. Bianchi exposto anteriormente.

A obra traduzida por Tatiana Braunwieser traz inúmeros ensinamentos produzidos por Leimer, entre eles, a importância de o intérprete sentir conscientemente o afrouxamento dos músculos dos braços e do corpo, refletir de que maneira as notas devem ser acentuadas, como usar um *crescendo* ou *diminuendo*, um *retardando* ou um *accelerando,* a fim de produzir uma interpretação capaz de equilibrar em igualdade de condições, o sentimento e o raciocínio:

> Para tocar piano do modo mais natural, quer dizer, menos fatigante possível, é importante, em primeiro lugar, adquirir a capacidade de contrair conscientemente os músculos a qualquer momento, e (ainda mais importante) relaxá-los conscientemente. [...] Tento conseguir o sentimento de relaxação (afrouxamento dos músculos) de dentro para fora [...] e procuro fazer executar qualquer movimento ao piano com o mínimo trabalho muscular possível (LEIMER, 1949, p. 11).

Leimer, assim como W. Bianchi, afirma que é muito mais rico para um intérprete estudar as obras clássicas, do que se deter em estudos exaustivos por horas a fio: "Qualquer um há de concordar comigo que este material (obras clássicas), quanto a seu lado musical, está num nível muito mais alto do que os melhores Estudos, e que o estudo correcto daquelas obras introduz muito mais profundamente nas intenções do compositor, e entusiasma cada vez mais o executante" (Ibid, p. 39).

Ele considera que, nessas obras clássicas o intérprete adquire equilíbrio sonoro, peso e ritmo adequados, abstem-se de utilizar movimentos que não sejam estritamente necessários e pode manter os ouvidos atentos às sutilezas contidas na obra musical. Os pontos principais do seu trabalho interpretativos foram assim relatados:

1º – Posição natural dos dedos e do braço (como no andar).

2º – Relaxamentos dos músculos, por sensação interna, sem o emprego de movimento para o afrouxamento.

3º – Máxima calma possível da mão, do braço e dos dedos, antes de produzir o som, afim de conseguir um toque consciente, e que satisfaça a todas as exigências.

4º – Exploração de todos os toques possíveis (toque activo de dedos e toque de peso).

5º – Educação da memória pela reflexão.

6º – Educação do ouvido para a percepção do ritmo, da dinâmica e da beleza do som.

7º – Desenvolvimento da técnica e da interpretação, por prévia representação mental.

8º – Naturalidade de interpretação, seguindo incondicionalmente o quadro musical (Ibid, p. 45-46).

Dr. K. Rolan, na introdução desta publicação, localizada no final do livro, assim se expressa com relação ao trabalho de Leimer:

> Na eliminação da técnica em si, na concentração exclusiva sobre o desenvolvimento, sobre a construção planejada da forma sonora da expressão, vejo a absoluta novidade do método do ensino de Karl Leimer para o nosso tempo, do método cujos princípios estão traçados neste livro. [...] trata-se de uma maneira diferente de enfrentar o problema total da arte pianística. [...] Os alunos de Leimer não estudam Estudos, nem Estudos especializados, nem escalas, nem exercícios de dedos. Três horas de trabalho rigorosos diariamente são suficientes para o estudo. O maior rigor dedica-se à intepretação, para o que o primeiro passo é o decorar. Este processo representa uma modificação cabal do ensino todo, à qual todos deveriam sujeitar-se, obtendo o máximo proveito para as aptidões técnicas e musicais (Ibid, p. 49).

Essas afirmativas trazem a certeza de que a técnica instrumental deve ser desenvolvida sob a égide da interpretação e não vice-versa. Mesmo Uhde&Wieland, ainda que por caminhos distintos dos propostos por Bianchi, deixam claro a importância de se priorizar a interpretação como um dos meios de facilitar a execução musical:

> A meu ver, na metodologia de U/W, um motivo, uma frase musical, ou estruturas maiores, articuladas em forma de *Zeitgestalt* ajudam na solução de problemas técnicos. Como escrevem esses dois autores, nos estudos de técnica, na maioria das vezes com a estrutura extremamente fácil, pode ser estudado o equilíbrio sutil entre os processos de tensão e distensão, ao invés de se esquecer da respiração musical. Porque uma disposição equivocada da curva dinâmica e agógica, torna-se muito mais insuficiente do que uma nota errada ou uma desigualdade de toque (Uhde e Wieland, 1988, p. 489). Partindo disso, uma dificuldade técnica deve ser abordada buscando

> antes a realização equilibrada das *Zeitgestalten,* que não trabalhando apenas o lado puramente mecânico, mas a direcionalidade do som, impulsiona o aperfeiçoamento técnico (FUKUDA, Anexo, 2019)

O pianista Alfredo Casella, no livro *El Piano* (1936) também vê a técnica pianística como consequência de uma atividade puramente espiritual e não tanto como um artefato mecânico:

> [...] proclamemos sin ambajes el "cerebralismo" de la técnica pianística, y al mismo tiempo exaltemos el indispensable y elevado valor espiritual. [..] En la ejucución pianística, cada nota debe ser el resultado de un acto volitivo. Cualquiera sea la rapidez del movimento y la cantidad de notas que han de tocarse en un determinado período, cada una de ellas debe ser en cierta manera "filtrada" a través del cerebro. Lo que equivale a decir que el verdadeiro virtuoso será el que sea capaz de asegurar este trabajo de control a cualquier velocidade[...] (CASELLA, 1936, p. 98-99).

Ele, assim como Leimer, é adepto de uma formação técnica natural, simples, sintética, precisa, racional, possível para a execução de qualquer repertório. Ensinamentos como: posição do corpo, do braço, do pulso, das mãos e dos dedos no teclado; independência e perfeita articulação dos dedos; produção de diferentes toques, entre outros, estão presentes em sua publicação, mas, da mesma forma que W. Bianchi, todo esse trabalho técnico só será viável se o intérprete educar seu ouvido a ponto de escutar internamente aquilo que suas mãos vão executar.

A metodologia de Uhde& Weimar, por sua vez, enseja a importância de o intérprete, antes mesmo de ter uma excelente técnica, obter um ideal de imaginação sonora, o que de certa forma corrobora a intenção exposta por Casella e Bianchi. Vejamos o que a pianista Margarida Fukuda revela quanto a essa questão:

> A metodologia de Uhde e Wieland auxilia o intérprete a ter um ideal de imaginação sonora levando-o a um esforço contínuo para se aproximar deste ideal, que aliás, pode se modificar com o tempo. Nesse sentido, a ideia de "estar sempre a caminho", considerada essencial na concepção do tempo musical pelos autores pode ser aplicada no dia a dia de um intérprete no decorrer de toda a sua vida (FUKUDA, 2002, p. 227).

Bianchi, nas entrevistas realizadas e em suas aulas, não deixou de demonstrar aos alunos quais técnicas ele considerava relevantes, não só para os pianistas como também para os instrumentistas de sopro e de cordas (LIMA, 2005, p. 103,104 e118). Ele partia do pressuposto que essas informações poderiam contribuir para a obtenção de uma técnica mais natural em qualquer instrumento.

Guilherme H. Fontainha (1956), por sua vez, também relata a importância de os instrumentistas, mais especificamente, os pianistas, desenvolverem uma técnica e uma articulação natural, pois se um cantor forçar as cordas vocais ao emitir os sons, ele grita e não canta; o violinista que fricciona o arco nas cordas do seu violino com o braço enrijecido, produz um som arranhado; se o som não for bem emitido nos instrumentos de sopro, tornam-se estridentes; os pianistas que utilizam o esforço muscular para obter uma boa sonoridade, podem obter um sonoridade mecânica, mas nunca uma bela sonoridade. Fontainha pede aos pianistas substituir a força muscular pelo peso do braço, o que lhes permitirá excluir a fadiga, realizar uma execução mais rápida e brilhante, ter maior igualdade e uniformidade nos dedos e uma execução sonora mais natural. A independência dos dedos, assim como a flexibilidade das articulações do pulso, cotovelo e ombro constituem, por assim dizer, a chave da técnica pianística. Sem essa flexibilidade, não se conseguirá igualdade mecânica, rapidez de execução, boa sonoridade, enfim, não haverá virtuose, na acepção da palavra (FONTAINHA, 1956, p. 37-39 e 90)

Nas aulas que obtive sobre o Estudo nº 3 dos Seis Grandes Estudos de Paganini transcritos por Franz Liszt para o piano, intitulado *La Capanella* (*"pequeno sino"* em italiano, ou sino de mão), pude vislumbrar um exemplo de obra musical onde a técnica a ser empregada é de fundamental importância. A sua execução, se não for acompanhada de uma técnica adequada, impossibilita o seu cumprimento. O estudo, no andamento *Allegretto Rápido*, possui saltos de intervalos maiores que uma oitava na mão direita, estendendo-se por duas oitavas inteiras[16]. Ao executá-lo, o pianista não deve tencionar nenhum músculo e precisa ter todos os dedos independentes, para fazer uso de uma

16 A. Foldes, no livro Claves Del Teclado: un libro para pianistas (1958), ensina os pianistas a estudaresm os saltos intervalares no piano. Os pianistas não devem olhar para os dedos e nem para as mãos enquanto estiverem executando o salto, para que este seja executado a tempo; devem sentir o teclado, as distâncias intervaleres e os dedos pouco a pouco, na repetição desse movimento. Adquirida essa prática, os pianistas vão realizar uma execução mais eficaz (FOLDES, 1958, p. 68).

articulação adequada[17]. Deve ser evitada a flexão do pulso para que o pianista não obtenha uma sonoridade abrupta, considerando-se que a melodia é composta por notas agudas. Vejamos os compassos iniciais dessa composição:

17 A. Casella relata o quão importante é para o intérprete adquirir independência dos dedos durante a execução. Isso só é possível mendiante um estudo atento, racional e reflexivo: " Lograr esta independencia es el primer objetivo de todo el primer período de los estudios pianísticos, y sólo cuando se haya alcanzado ese fin, se podrá seriamente proseguir en la via maestra de la ejecución" (1936, p. 102).

A exceção desse procedimento inicial está no final da obra (cps. 129 até 139), onde uma sequência de acordes deve ser executada com a força do braço, no intuito de obter uma interpretação pesada e mais rápida desses acordes[18].

Outras dificuldades estão presentes, como os trinados da mão direita (cps. 78 até 83) que devem ser executados de forma brilhante e não estridente, tendo em vista que a melodia principal segue na mão esquerda. A indicação do editor da partitura é que esses trinados devem ser executados com o quarto e quinto dedos, mas, de acordo com Bianchi, eles podem perfeitamente ser executados com o 3º e 4º dedos, dependendo da mão do pianista.

A obra apresenta diversos cromatismos, um deles com início na parte fraca do primeio tempo do compasso 72 seguido de uma *quasi cadenza* que se inicia no compasso 78 com inúmeras notas que necessitam ser agrupadas, de forma a obter um ritmo mais ou menos preciso com apoio em determinados sons (notas de apoio) para que a execução seja mais fluente e leve.

18 Para a execução perfeita dessa série de acordes é bom que cada um deles seja executado várias vezes, acentuando em cada uma das vezes, uma nota do acorde, depois executar esse acorde de forma desmembrada, como um arpejo. Foldes (1958, p. 62) admite que acordes executados de forma arpejada oferecem aos pianistas um desenvolvimento técnico de excelência

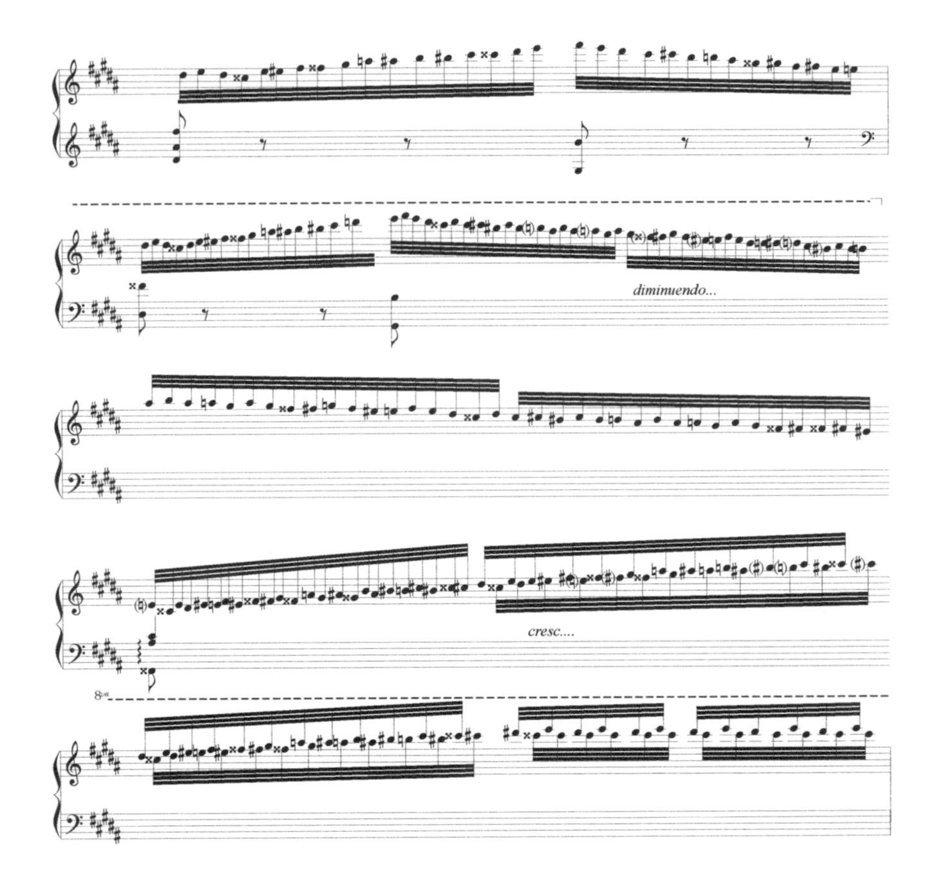

Na introdução contida nos compassos de 1 a 4, o pianista deve executar as notas com um piano que cresce e decresce moderadamente, conforme expresso no exemplo editado. O pianista deve imaginar uma linha curva em toda a extensão da introdução, ligando os acordes.

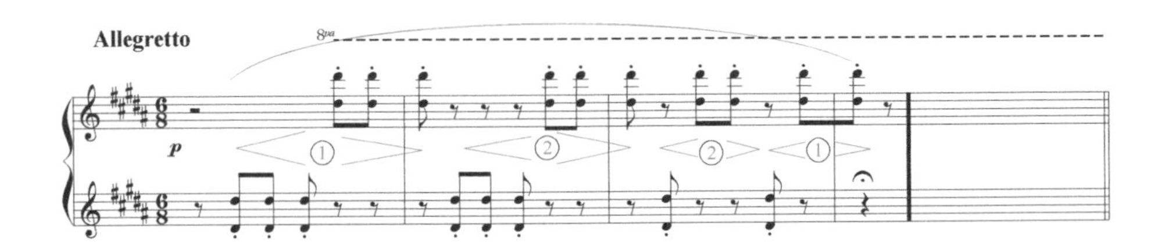

Apesar da indicação *stacatto*, as notas devem ser executadas em *portato*, ligadas pelo pedal da direita (pedal de sustentação) que será abaixado depois de ferido o acorde de oitava, portanto, os dedos não poderão ser muito articulados em contato com a tecla. O pianista para atingir essa sonoridade não deve atacar as oitavas, nem usar o punho para emissão dos acordes, deve afundar levemente o polegar e o 5º dedo no teclado para que os acordes sejam diluídos e não sejam executados como sons separados ecoando de forma brusca. A mão deverá cair sobre o teclado com sua força natural, sem nenhuma rigidez muscular, livre da flexão do ante-braço[19].

A introdução prenuncia uma melodia, porisso deve ser executada com um piano graduado em toda sua extensão e soar como uma abertura singela da cena principal que irá se seguir. Para que isso ocorra o pianista tem de ter uma técnica onde todos os dedos sejam independentes, a ponto de dimensionar a força de cada nota. O pianista necessita calcular em que medida o teclado deve ser aprofundado. É importante que o intérprete saiba antecipadamente o grau de intensidade e profundidade que deverá atribuir a cada toque na tecla. Depois de tocada a tecla, nada mais pode ser feito, portanto, cabe ao intérprete regular esta sonoridade mentalmente, antes de executar o acorde. Esse procedimento exige do intérprete um desenvolvimento racional dos nervos e músculos obtido em estudos contínuos e o desenvolvimento de uma escuta interna anterior ao ato de execução.[20]

Na introdução desse estudo de Liszt o pianista não pode utilizar uma técnica onde o som é atacado pelo movimento dos punhos, ou pela articulação demasiada do dedo; um leve abaixar dos dedos no teclado trará a dimensão sonora sugerida pelo compositor.

---

19 Segundo K. LEIMER, 1938. A caída livre de todo o braço se realiza guando todo ele se levanta; o cotovelo, a munheca e os dedos devem se manter firmes na medida necessária para conservar a posição do braço, sem rigidez. Os dedos devem ocupar uma posição de tal forma que o braço caia de forma solta, desde a articulação do ombro, sem agregar nada que não seja necessário para acertar a tecla. É bom que o pianista se conscientize de que ao caminhar, por exemplo, os músculos do braço permanecem inativos e que eles simplesmente realizam o movimento do pêndulo, assim o braço, ao cair no teclado deve produzir uma sensação de que ele está morto, sem nenhuma rigidez (1938, p. 34).

20 Fontainha (1956, p. 37) relata que quanto mais próximos os nossos dedos estiverem das teclas, mais rapidamente eles alcançarão perfeição e igualdade mecânica. A ausência de esforço muscular traz para o pianista mais rapidez e igualdade sonora, portanto, a articulação exagerada dos dedos deve ser evitada.

A melodia principal está contida na anacruse do complemento do compasso de número 4 que foi interrompido por uma barra dupla e uma fermata na introdução.

Esta frase que compõe a melodia apresenta um antecedente que vai desse complemento de compasso até o primeiro tempo do compasso de n. 6, com um consequente que vai da anacruse do compasso de n. 6 até o primeiro tempo do compasso 8 e deve soar em piano com uma graduação numérica percorrendo cada uma das notas que compõem a melodia, a fim de que a frase não soe de forma abrupta. Essa primeira frase é seguida de uma outra frase (cp. 08-12) que complementa a ideia composicional anterior, seguida de uma cadencia conclusiva. Este tema é recorrente em toda a peça, contendo inúmeras variações melódicas que acompanharão a dinâmica indicada no tema, com pequenas variantes. Os arpejos da mão esquerda devem soar com maior intensidade nas notas agudas (*si, re#* e *fá dobrado sustenido)*, ou seja, um *levare* para a nota aguda e acompanhar a graduação numérica da melodia, portanto, a nota ré# do 2º tempo do compasso 5, na mão esquerda, deve acompanhar o ponto culminante da mão direita, nota *sol#,* que por ser uma nota de passagem decrescente não deve ser executada com muita força. No segundo tempo do compasso n. 8, é empregada a mesma dinâmica que pode ser executada com um piano 2, seguido da cadência contida nos compassos de n. 11 até o primeiro tempo do compasso 12, com ligeiras acentuações nos tempos fracos do compasso 11, que levam à ideia primeira de anacruse com conclusão no 1º tempo forte do compasso 12 (nota sol #). O arpejo que se segue (cp. 12) deve soar fluente como um *levare* para a primeira nota do compasso 13. Neste compasso tem início o retorno da melodia acrescido de apogiaturas que devem ser executadas sem perda rítmica e sem ataque, valorizando-se a nota principal e não a primeira nota da apogiatura. Elas precisam funcionar como notas de passagem. Podemos utilizar um piano nessa repetição. Embora as notas ainda devam ser executadas com um *portato*, da anacruse do compasso 18 até o final, elas podem ser executadas com um pouco mais de *stacatto*. O baixo acompanha a melodia principal e também não pode ser atacado.

Tanto no antecedente como no consequente o polegar atua mediante um leve apoio, sem flexão do pulso. As notas agudas soam como um reflexo da ação do polegar, pois nada mais são do que um eco das notas que formam a melodia. A técnica mais adequada a ser utilizada pelos pianistas deve ser bastante leve, exigindo um ligeiro toque do polegar e nenhuma força do 5º dedo. Mesmo na cadência, o acento da *anacruse* é leve e a nota sol# do compasso 13 soa como uma nota de conclusão da frase, seguida de um arpejo em piano liso. Os términos das melodias devem ser seguidos de pequenas respirações. Para uma execução mais suave, o pianista deve executar toda a melodia com um *portato* natural no polegar - quase um *legato*[21], e não apoiar o 5º dedo, o que exige uma independência de dedos considerável e um pulso não flexionado durante toda a execução.

O Prelúdio op 28, n. 20 em Dó menor de F. Chopin, também exige do pianista independência de dedos[22] na execução dos acordes da mão direita. Composto de 13 compassos, a repetição do tema no compasso n. 8 segue até o final e, independentemente da condução sonora que o intérprete queira atribuir a obra, os acordes podem conter variações sonoras realizadas pela valorização de um dedo em detrimento de outros. Se na execução da primeira parte o intérprete valorizar mais as notas superiores do acorde, na repetição da frase ele pode produzir uma sonoridade diversa, valorizando as notas mais graves desses acordes. Na cadência final ele pode, se quiser, valorizar as notas

21 Nesse caso o polegar não deve se afastar muito do teclado para que o braço possa se apoiar sobre cada tecla que forma a melodia e ser sustentado pela mão; esse dedo deve ter uma sonoridade mais prolongada do que o 5º dedo, de forma que possa causar um ligeiro deslizamento das notas que formam a melodia.

22 Segundo Leimer & Gieseking a igualdade de toque nos cinco dedos reside essencialmente no treinamento adequado do ouvido. Para tanto, o pianista deve desenvolver a sensação de absoluto relaxamento de todos os músculos dos dedos, inclusive daqueles que não estão sendo utilizados e a execução das notas ou dos trechos musicais deve se realizar de forma lenta e repetida, com concentração. Para tocar em legatíssimo, os dedos não devem se separar das teclas, a pressão dos dedos deve ser dominada. Isso exige do pianista uma concentração contínua. Para esses autores, esse trabalho técnico pode ser realizado na própria obra a ser executada, dispensando a execução de escalas e exercícios técnicos que poderão ser executados de uma forma desconcentrada (LEIMER, 1938, P. 16).

intermédias dos acordes. Para que isso seja possível o intérprete precisa ter independência tanto do dedo polegar como do 5º e 4º dedos.

Muitos outros exemplos correrão ao longo desta publicação de forma a demonstrar que a técnica musical segue em parceria com ações interpretativas refletidas e equilibradas. Tais ações tem a outorga de diversos intérpretes consagrados.

Nas questões envolvendo a afinação tanto para alunos de cordas ou sopro, Bianchi solicitava a execução pausada e lenta da escala[23]relativa ao trecho desafinado, até que o aluno obtivesse um controle sonoro adequado das notas da frase. Só depois ele estava pronto para executar o trecho de forma bastante lenta. Por inúmeras vezes, acompanhei diversos instrumentistas de sopro e cordas realizarem esse exercício na presença do professor, até obterem controle sonoro absoluto das notas que formavam a frase musical.

David Blum expressa o que o regente e violoncelista P. Casals relatava com relação à execução intensiva das escalas nos instrumentistas de corda e como elas deveriam soar:

> Casals destacaba que la escala de temperamento igual, con sus semitonos fijos e equidistantes – como aparecen en el piano – es una solución de compromiso a la que los intérpretes de cuerda no tienen por qué acomodarse. La entonación adecuada no es, pues, una cuestión de adhesión a unos intervalos basados en una fórmula matemática predeterminada; es un processo dinámico que expresa la relación orgánica entre las notas en un contexto musical. Casals llamó a esto '*entonación expressiva*'. El último juicio corresponde al siempre sensible oído del músico. [...] Estas observaciones son aplicables tambíen a los instrumentistas de viento, y no menos a los cantantes (BLUM, 2000, P. 112)

Casals admitia que a tônica, a subdominante e a dominante de uma tonalidade (o primeiro, quarto e quinto graus de uma escala) seriam os pontos de repouso pelos quais são impulsionadas as notas restantes. Assim, o princípio de atração gravitatória funciona dentro de cada um dos tetracordes dos quais se compõem uma escala. O semitom diatônico que existe dentro de cada tetracorde tem uma tendência natural de ser atraído de maneira ascendente; o terceiro grau até o quarto, e, especialmente o sétimo grau, ou seja, a sensível, segue até a oitava. A altura da sensível deve se elevar o suficiente para que sintamos o caráter vital de sua resolução na tônica. Se os semitons são elevados, as notas intermedias também seguem afetadas e devem ser ajustar

23 A. Foldes (1958, P. 57-58), assim como Bianchi, considera importante o estudo contínuo das escalas e arpejos. Essas devem ser executadas muito lentamente e depois com *staccato*, antes de se incorporarem como parte de uma passagem musical mais extensa. Foldes, na publicação em tela, oferece diversas maneiras de trabalhar as escalas, pois, é mais fácil controlar cada nota de uma escala quando a praticamos como uma unidade em si, do que executá-la em grandes trechos.

na mesma medida. Em consequência, o segundo e sexto graus da escala são ligeiramente elevados (Ibid, p. 113). Blum, dedica um capítulo desta publicação aos instrumentistas de cordas, rememorando ensinamentos de Casals dirigidos para esses intérpretes (Ibid, p. 111 a 144).

Casella também considera que o estudo das escalas e, consequentemente, o estudo dos arpejos e acordes, é fundamental para os pianistas, no intuito de obterem maior unidade e equilíbrio sonoro no toque dos 5 dedos.

> La escala encierra en sí misma varios problemas de gran importancia, cada uno de los cuales reclama por parte del alumno un alto grado de concentración, es decir: la posición racional de la mano, la articulación de los dedos, la igualdad de los mismos, la calidad del sonido, el *ligado* y por fin el pasaje del pulgar.[...] la escala de *do mayor* es mucho más difícil que las otras, y no debe por lógica ser estudiada antes que las demás. Las escalas se estudiarán siempre con extremada lentitud. Solamente cuando se posea perfectamente su mecanismo [...] podrá permitirse el ejecutarlas con rapidez. [...] El relajamiento natural de los músculos [...] debe manternerse constantemente durante la ejecución de las escalas, y habrá de transformarse en instintivo por parte del alumno (CASELLLA, 1936, p. 117 a 120).

No intuito de atingir uma técnica natural e equilibrada, vários procedimentos interpretativos foram repassados pelo Prof. Bianchi aos pianistas e demais instrumentistas, alguns deles deveriam ser estudados anteriormente ao trabalho técnico a ser realizado na partitura. Em muitas de suas aulas, suas "dicas técnicas" como ele mesmo dizia, auxiliavam imensamente os alunos na execução de suas obras. Alguns desses procedimentos foram bastante discutidos e analisados em publicações de *performers* de notório saber. Sendo eu uma pianista, vou me ater mais prontamente aos ensinamentos relativos à técnica pianistica.

Bianchi considerava primordial aos pianistas regular a sonoridade de um determinado som. Se esse instrumento não contemplava problemas voltados para a afinação, como os demais instrumentos, o toque a ser empregado era de fundamental importância. Para esse professor o pianista deveria antever o tipo de toque a ser utilizado, antes mesmo de atacar a nota, sem desconsiderar que quanto mais próximo os dedos estivessem do teclado, maior seria o controle sonoro. Uma boa interpretação pianística concentrava-se na riqueza de toques diferenciados para a produção dos sons, prática bastante utilizada por Casella. Este pianista e intérprete admitia que se o toque é responsável por uma interpretação de boa qualidade para todos os instrumentistas, muito mais, para os pianistas. No toque estava o segredo de uma execução pianística superior. Varias são as modalidades de toque relatados por esse intérprete, a saber:

a. Toque brilhante quando a tecla deve ser abaixada com um movimento muito rápido em razão da rapidez do tempo. Recebe o nome de "jeu perlè".
b. Toque duro e metálico, introduzido por F. Liszt, muito utilizado na polonese em Mi Maior desse autor e em algumas obras de Stravinsky. Nesses casos a tecla deve ser abaixada com extrema violência, batendo o martelo contra a corda com maior rapidez. Não é um toque muito agradável, é utilizado em alguns momentos, nem sempre.
c. Toque *cantabile*, um dos toques mais importantes para o pianista. Aqui o pianista deve pressionar a tecla de forma resoluta e com certa força. O martelo tem que percurtir a corda com uma velocidade bastante pronunciada, sem alcançar a exprema velocidade. As melodias com esse tipo de toque devem ser executadas com um legato que por vezes, pode ser realizado pelo pedal, principalmente o pedal esquerdo. Casella afirma que a elasticidade de todos os seguimentos do sistema dedo-pulso -antebraço é indispensável na execução pianística, mas no caso de um toque dessa natureza, é importante a soltura e extrema liberdade dos movimentos desse sistema anatômico.
d. Toque impressionista, indispensável na execução de obras de Debussy e Ravel. É obtido com uma ligeira pressão da tecla, sem que haja um completo relaxamento do braço. Os dedos ao pousar no teclado, têm de manter uma certa curvatura que permite aproveitar ao máximo a sensibilidade de suas extremidades. Essa sensibilidade desaparece quando os dedos se encolhem demasiadamente. Nesse toque é necessário que os dedos permaneçam em contato permanente com as teclas, mesmo antes de serem pressionadas (CASELLLA,1936, p. 110-116),

Casella relata que os diferentes tipos de toque exigem diferentes tipos de articulação, liberdade e independência de todos os dedos, contudo, eles não devem se levantar mais do que o necessário no teclado. O *legato* é uma modalidade de articulação indispensável e fundamental para o pianista. Nesses casos o braço é sustentado pela mão e a tecla não pode ser abandonada antes de ser tocada a nota seguinte. Primeiramente ele deve ser executado com as escalas. Um outro tipo de articulação é o *staccato*, quando a tecla é abandonada nem bem a nota foi tocada. Nesse caso não há intervenção da mão, ela permanece imóvel. Essa articulação se faz com um ligeiro movimento do pulso que levanta a mão. Tanto o *legato* quanto o *staccato* têm gradações que podem intensificar ou minimizar o toque (Ibid, p. 104-106)[24].

No que diz respeito a utilização do pedal, Bianchi sempre relatava que as graduações de sonoridade dos pianistas deveriam ser produzidas mais pelas mãos e não tanto pelos pés. Nesse sentido, é bom não esquecermos que a execução de uma única nota faz reverberar toda a série harmônica nela contida. Assim considerado, um pedal mal-empregado pode trazer para a execução, problemas sérios de embaralhamento harmônico, principalmente na execução de escalas, cromatismos e sequências melódicas contemplando notas dissonantes. É certo que determinadas partituras ou trechos musicais exigem um ambiente sonoro nebuloso, tempestuoso e de forte intensidade (execução de certos cromatismos em obras do repertório romântico, obras descritivas e repertório impressionista), nesses casos, o uso intensivo do pedal direito torna-se vital, pois libera as cordas, trazendo para a música algumas dissonâncias capazes de produzir um enorme tumulto harmônico, necessário para o cumprimento do contexto melódico.

Um bom exemplo dessa prática pode ser observado no III Movimento (Scherzo: leggiero e vivace) do Trio n. 1 em Ré menor, op. 49, de Felix Mendelsshon- Bartholdy. Por vezes, o uso do pedal perpetua o valor de uma nota, um acorde ou de um fragmento melódico, todas as vezes que o pianista não consegue realizar essa tarefa com precisão. O pedal, nesses casos, perpetua o som até que se conclua o tempo previsto do trecho em questão, ou seja, ele liga tudo aquilo que as mãos do pianista não conseguem prender. Ele também pode ser intensificado nas notas agudas e nos *crescendos,* o mesmo não ocorrendo nas notas mais graves e de maior lentidão e nos *diminuendos.* Em suas aulas, Bianchi dizia que o uso do pedal deveria sempre estar alinhado ao contexto harmônico da obra, devendo ser renovado nas respirações de frases e nas modulações. Ele deveria ser controlado nas mudanças de harmonia, nos acordes dissonantes, nas separações de frases, nas modulações, evitando-se dessa maneira um desequilíbrio sonoro em relação ao contexto harmônico.

---

24 Leimer & Gieseking também trazem diversas modalidades de toque que podem ser executadas pelos pianistas (1938, p. 34-40).

No repertório impressionista, Bianchi intensificava o uso dos pedais para a produção de um efeito sonoro mais adequado, desde que essa prática não alterasse o contexto harmônico da obra. Esse pedal não poderia ser empregado na interpretação de obras clássicas. Por vezes, ele referendava a necessidade de cada nota da melodia ter o pedal renovado, desde que a harmonia empregada na mão esquerda não conflitasse com essa melodia. Exemplo dessa prática encontra-se no *Noturno de F. Chopin*, op. 32, n. 2, BI 106, n. 10

Tanto Karl Leimer quanto Alfredo Casella dedicam atenção especial ao emprego do pedal pelos pianistas. Leimer oferece exemplos de uso de pedal em progressões arpejadas, por grau conjunto, por grau conjunto diatônico e grau conjunto cromático. Também dá exemplos de pedal para ser empregado nos acordes repetidos em distintas posições, em acordes de harmonias distintas, na execução polifônica, entre outras modalidades (LEIMER, 1938, p. 54 a 71). Casella por sua vez, também se debruça sobre essa temática da p. 132 a 145 da publicação datada de 1936, corroborando em grande parte a narrativa de Karl Leimer.

Outros procedimentos interpretativos foram adotados por Bianchi, sempre com a intenção de o intérprete obter uma técnica natural e equilibrada, seja para os pianistas, ou para os demais *performers*.

A entrevista realizada em 06 de fevereiro de 1996 (LIMA, 1999, p.113/117), por exemplo, traz alguns procedimentos técnicos que o professor empregava no seu instrumento, capaz de reduzir em anos o aprendizado do oboé:

> O estudo de oboé na Europa dura, em geral, de sete a oito anos. Acho muito tempo. Em cinco anos o aluno pode ter um progresso igual àqueles oito anos tradicionais e tocar em qualquer orquestra ou concurso. É um método de trabalho prático. Naturalmente, depende de cada aluno. Refiro-me àqueles que, verdadeiramente, estudam seriamente. [...] (o método) Abrange tudo. Começo pela embocadura. Tenho um tipo de embocadura completamente diferente dos outros oboístas do mundo. O oboísta, desde a primeira aula, trabalha com os músculos dos lábios. Há um esforço muscular que depois de um pequeno tempo - vamos dizer meia hora - faz com que ele não toque mais nada. É como fazer musculação. Estive pensando: "Por que eu tenho que fazer tanto esforço para tocar? Não existiria uma maneira de se tocar sem fazer esforço?" Este foi o objeto da minha pesquisa. Demorou aproximadamente 4 meses, no princípio, tive problemas de afinação que subia e descia, não havia um ponto de referência. Hoje posso tocar até dez horas seguidas e não me canso, porque não desenvolvo um trabalho muscular. É como pegar a palheta e substituí-la por um canudo de refrigerante. Não existe trabalho muscular nisto, é pura sucção. Na palheta, o aluno apenas sopra. [...] Trabalha-se muito com diafragma, como os cantores, por exemplo. Quanto a este aspecto, não modifiquei nada, continua tudo igual. O problema crucial é a embocadura. Acho que isso é a raiz da árvore (Bianchi, apud LIMA, 2005, p. 113-114)..

Nesta entrevista o professor comenta o quanto é importante ao intérprete conscientizar-se em adotar uma posição natural no seu instrumento. Uma postura não anatômica pode levar o instrumentista de qualquer naipe a desenvolver uma execução incômoda e artificial:

> Existe pianistas que ficam totalmente curvados durante a execução. Outros, adotam uma postura da coluna completamente vertical, que de certa forma, também, considero errada. Na minha opinião, para se tocar bem o piano, deve-se pensar no corpo como uma expressão corporal global. Cabeça, braços, corpo, pernas, tudo, até o dedo do pé, unem-se no momento da execução. Ficar com a espinha dorsal ereta, não funciona, pois, o corpo, de acordo com a atmosfera da música, necessita mover-se, no sentido da interiorização da interpretação. [...] Em geral, qualquer instrumento adota uma posição forçada, não natural. Desde que ele coloca um instrumento na mão, adota-se uma posição forçada. Os instrumentos de sopro, hoje, adotam uma posição, não digo falsa, mas que dificulta a postura. Então, sempre procuro, principalmente no oboé, a postura mais natural possível. A postura não natural atrapalha a emissão do som, atrapalha a afinação e a beleza do som, cor e timbre. [...] Nada forçado, nada de coluna ereta e nem muito curva, tudo dentro da normalidade. Costumo aplicar em minhas aulas as palavras utilizadas pelo grande violinista Salvatore Arcado: "Cada instrumentista tem uma posição própria, uma anatomia peculiar, não se pode aplicar a mesma posição para todos os violinistas. O professor tem que conhecer a anatomia de cada aluno e, de acordo com ela, procurar a posição mais natural possível, porque não existem dois corpos humanos iguais". É um trabalho de verificação prática (Bianchi, apud LIMA, 2005, p. 113-114).

Muitos *performers* preocuparam-se em desenvolver técnicas capazes de benefiar os instrumentistas de um determinado naipe. Assim como Bianchi, o violista Bela Mori[25], também se preocupou em elaborar uma técnica para os violistas portadores de mãos pequenas e braços curtos. Ela aproximava a técnica da viola à técnica do cello e não tanto do violino, como o usual. Em entrevista realizada em 04 de setembro de 1994, Bela Mori relata:

25 Bela Mori foi *spalla* da Orquestra Sinfônica do Teatro Municipal de São Paulo e da Orquestra Sinfônica Estadual de São Paulo, entre outras orquestras e conjuntos camerísticos e professor de viola da Escola Municipal de Música. Diplomou-se na Real Nacional Escola Superior de Música Ferenc Liszt, da Hungria, em junho de 1941, obtendo as melhores notas. Além de lecionar na EMM foi professor do Conservatório Dramático e Musical Dr. Carlos de Campos, em Tatuí. Em 1991 recebeu o Diploma de Ouro – Brasão da República da Hungria, pela valorosa atividade profissional desenvolvida durante 40 anos como professor de música na Hungria e no Brasil. Em entrevista declarou a mim que chegou a discutir essa metodologia na Hungria com seu professor Johann Koncz, que sempre alegava: -" Como você pode querer modificar um dedilhado que me foi passado pelo meu querido mestre Jenö Hubay? Se ele serviu para mim, tem que servir para você".

> Eu tenho mão pesquena para viola e isto para este instrumento se traduz numa grande dificuldade, porque a viola é nove por oito. Então, descobri uma nova técnica para o instrumento. Desenvolvo este trabalho há muitos anos [...] Uso a viola como se fosse um violoncelo. As cordas nos dois instrumentos são as mesmas: Dó- Sol, Ré-Lá. No violino temos: Sol - Ré- Lá- Mi. Então, a viola é intermediária entre agudos e graves. Todo mundo usa a viola como se fosse um violino, mas ela é maior! Fui obrigado a desenvolver essa técnica [...] Eu nunca li nada a esse respeito, essa ténica veio da minha prática. [...] utilizo a dedilhação e a posição dos violoncelos [...] (essa técnica) Ela é importante, quando tenho uma frase que apresenta grandes distâncias. Geralmente esta distância vai estar desafinada, então, eu aplico outra posição. Em geral, quase todos os professores, infelizmente, ensinam a primeira, a terceira e a quinta posição [...] Mas não ensinam o meio – a segunda, a quarta e a sexta posição. Eu sempre ensinava todas. É o mais importante. O meio é o mais chatinho[...] A interrelação é o mais importante. O 1-3-5 tem que corresponder ao 2 e 4 (IN: LIMA, 1999, p. 228-229)

Na publicação produzida por Bela Mori, contendo um trabalho de revisão dos 32 estudos escolhidos de R. Kreutzer e P. Rode, datada de 2000, ele revela qual foi sua preocupação pedagógica:

> Quando o violista executa passagens com tons inteiros, ele despende grande esforço muscular, os nervos se contraem devido ao tamanho da viola. O violista tem muito dificuldade para trabalhar distâncias maiores. Desenvolvendo a prática de equiparar a viola ao violoncelo, eles poderão estudar horas a fio sem sentir nenhum cansaço muscular. Eu mesmo, posso executar uma passagem difícil na viola mais de 20 vezes, sem contrair nenhum músculo. Até hoje, eu estudo mais de 3 horas de viola por dia empregando essa técnica e não tenho nenhum problema muscular. Os alunos não têm que me imitar, mas entender a minha proposta. Eu sempre utilizei essa metodologia com os meus alunos e Graças a Deus eles sempre ganharam os primeiros lugares nas orquestras e nos concursos (MORI, apud LIMA, 2000, p. XIII,XIV).

Bela Mori tentou publicar essa metodologia na editora Hug Musikverlage, em Zurique, mas ela não mais editava obras musicais do repertório erudito, daí meu interesse em organizar esse método do violista (Ibid, p. XIV). Outros tantos *performers* que atuavam como professor na Escola Municipal de Música tiveram a mesma preocupação[26].

---

26 O percurssionista Ernesto de Lucca, o trombonista Gilberto Gagliardi, o trompetista Dino

Retornando a atuação de Walter Bianchi enquanto professor de interpretação musical, é importante mencionar que ele considerava essencial para os professores de música de câmara, conhecer a técnica de todos os instrumentos, não só a técnica do seu instrumento. Assim ele se expressa com relação a isso:

> Vi, no Brasil, uma grande falha no ensino da música de câmara, principalmente com referência aos professores de instrumento de sopro. Eles trabalhavam com os sopros em geral, mas, quando chegavam no naipe de cordas não sabiam absolutamente nada. Dirigindo-se ao aluno, muitas vezes ouvi os professores dizerem: "Veja como fica melhor". Eles não sabiam nada a respeito dos instrumentos de cordas. Na música de câmara, o professor deve ensinar e, não deixar o aluno resolver os problemas técnicos. Então, quando fui estudar em Filadélfia, no *The Curtis Institute of Music*, com o célebre oboísta Marcel Tabuteau e o pianista Wladimir Sokolov, procurei me aprofundar no curso de música de câmara para cordas. Aprendi desde as posições do arco até as arcadas. Se você me der qualquer peça que eu não conheça, eu coloco as arcadas necessárias. Isto é fruto do meu estudo. Na Orquestra do Estado, temos grandes violinistas, grandes professores e eu discuto com eles, em igualdade de condições, certos problemas de arcadas que surgem nas Sinfonias e em outras obras. Há sete anos atrás, fui convidado pelo Paulo Bosísio, que é um excelente violinista e professor de música de câmara, para participar do Festival de Curitiba, isto porque ele sabia da minha capacidade em orientar instrumentistas de cordas. Tenho alunos de música de câmara de percussão na EMM, abrangendo desde tímpano, xilofone, bombo até prato. [...] Eu me lembro que nos Estados Unidos fui assistir às aulas do Professor Gusekov. Ele era o primeiro trombone da Orquestra da Filadélfia. Quando soube que eu assistia suas aulas e era um oboísta, ficou empolgado. Fiz o mesmo com percussão. Entrei dentro de um grupo de estudo e fui tocar prato, bombo. Claro que não dava para tocar tímpano, porque precisava de anos e anos de técnica. Por isso, todos os alunos de qualquer instrumento me procuram. Eu e a Beth, que é uma excelente timpanísta da Orquestra do Estado, algumas vezes conversamos sobre a melhor execução numa partitura de percussão, ela sabe que aquilo que falo tem um fundamento técnico. Não é intuição (LIMA, 2005, p. 114-115).

Pedini, o contrabaixista Sandor Molnar e o fagotista Gustav Busch, entre outros, não só desenvolveram material pedagógico específicos aos seus instrumentos, como também, elaboraram diversos exercícios musicais para o desenvolvimento performático de seus alunos, fato que comprova a importância da pesquisa sonora para o aprimoramento performático dos instrumentistas. Vide entrevistas desses professores na publicação LIMA, 1999.

Muitas outras ações poderiam ser aqui relatadas, porém os trechos musicais com sugestões de interpretação formuladas pelo Prof. Walter Bianchi que seguem no próximo capítulo, poderão referendar com muito mais propriedade seus ensinamentos.

Trechos de obras com interpretações sugeridas por W. Bianchi

A técnica é apenas um referencial[27]*. Depois de assimiladas algumas regras básicas, que fazem parte de uma filosofia cósmica, onde tudo no universo tem princípio, clímax e fim, o aluno começa a desenvolver sua própria interpretação. Esse é o prelúdio do meu livro. [...] a minha sensibilidade é que me orientou. [...] [...] Para mim, não existem regras de interpretação, existe apenas a estrutura da música, a forma como ela se apresenta nas várias épocas* (Bianchi apud LIMA, 2005, p. 97 a 102)

O capítulo que se segue não pretende de forma alguma apresentar uma interpretação fechada das obras e dos exemplos que se seguem. Trata-se de um roteiro contendo os ensinamentos repassados pelo professor nas aulas dadas

27 O Prof. Bianchi empregou a palavra técnica como sinônimo de técnica interpretativa. A apostila que ele escreveu foi elaborada para os alunos do curso de regência do maestro Eleazar de Carvalho. Este curso foi interrompido depois da enfermidade deste maestro, pois não havia quem o substituísse. A apostila não traz um modelo fechado de interpretação musical, apenas sugere alguns pressupostos básicos para que o intérprete desenvolva sua própria interpretação.

para a pianista Maria Elisa Risarto[28]. A pianista aprovou expressamente a inclusão desse material nesta publicação. Por vezes incluo nos itens repassados, algumas observações pessoais ou relatos de outros intérpretes que corroboram as informações prestadas pelo professor. O roteiro que se segue deve funcionar apenas como um auxílio pedagógico aos *performers* e não como uma bula a ser adotada. É bom esclarecer que os trechos musicais introduzidos são destinados aos pianistas, contudo algum deles podem servir de orientação para outros instrumentistas. Assim relatado, espero que o que se segue seja adotado pelos *performers* com parcimônia e flexibilidade. Seguimos com os exemplos referendados pela pianista Maria Elisa e, por vezes, complementados com as minhas observações e a de outros instrumentistas.

1. O segredo de toda interpretação musical consiste em induzir o ouvinte de que a sua interpretação, no momento da execução, é a mais correta e lógica, pois se você pesquisou, analisou, estudou e chegou a conclusão que ela é a melhor, com certeza, você irá induzir o público a crer nisto também.

2. O intérprete deve se concentrar tanto para iniciar uma obra musical como para termina-la. Os *performers* em geral necessitam permanecer em silêncio durante três ou mais segundos para começar a execução de qualquer obra, a fim de transformar o tempo cronológico em um tempo Kairós[29] e entrar em contato com a sua espiritualidade. No final da execução a mesma prática deve ser observada para que o intérprete possa retornar ao tempo real. Essa prática é muito utilizada pelos atores do teatro antes de adentrarem no palco.

28 Ele ministrou vários cursos de especialização em música de câmara e interpretação musical para solistas e cameristas na Faculdade de Música Carlos Gomes. O curso tinha uma duração equivalente a 3 (três) meses, com uma carga horária variando de 180 a 320 horas. A interpretação era ensinada durante a execução do repertório selecionado pelo próprio aluno. As anotações aqui transcritas foram produzidas pela pianista Maria Elisa Risarto, para auxiliá-la no seu aprendizado.

29 Kairós é uma palavra de origem grega que significa *momento certo* ou *oportuno*. Na mitologia grega, Kairós era filho de Cronos, deus do tempo e das estações. Ao contrário de seu pai, sua ideia de tempo era metafórica, ou seja, um tempo não linear que não podia ser medido ou determinado. Essa modalidade de tempo se apresenta como um momento único para a realização de uma coisa ou ação específica dentro do espaço de tempo físico. No âmbito religioso, a palavra kairós é utilizada como o "tempo espiritual" ou "o tempo de Deus" – um tempo que não pode ser medido.

Observações pessoais: Vários intérpretes adotam essa conduta. Alexandre Tharaud no recital realizado na Sala São Paulo, em 26 de junho de 2019, no início e final de cada obra executada permanecia em completo silêncio por alguns segundos. Nelson Freire também tem como hábito manter-se em completo silêncio antes de iniciar um recital ou concerto.

3. O intérprete deve atribuir a cada nota da frase musical uma qualidade sonora clara e objetiva. Ele deve demarcar o clímax das frases que compõe a obra, atribuir uma graduação numérica tanto para a dinâmica como para as variações de andamento que serão empregadas, de forma que a execução siga um itinerário equilibrado, previamente traçado.

4. Nas obras românticas as repetições de frases no *crescendo* são mais rápidas e nos *diminuendos* mais lentas. Nelas tanto a dinâmica como o andamento podem ser alterados com maior liberdade, o que não ocorre na interpretação do repertório clássico, onde os procedimentos interpretativos devem ser bem mais comedidos. Em toda música romântica quando você tem um *crescendo*, automaticamente você tem também um *acelerando* embutido. Quando você diminuir o andamento, automaticamente você tem o *ritenuto*. Nas peças românticas você não pode ter uma marcação rígida de compasso. A característica de uma peça romântica é o *acelerando* e o *ritenuto*. Não é uma coisa exagerada, mas esse padrão deve ser sempre adotado. Você não pode tocar uma obra romântica como se toca uma obra clássica. Nos clássicos só os finais de movimento têm um *rallentando*, o resto segue a tempo.

5. Tanto o *ritenuto* como o *accelerando* necessitam ser graduados numericamente durante a execução. A graduação mais usual é *ritenuto 1, ritenuto 2, ritenuto 3,* ou *accelerando 1, accelerando 2, accelerando 3*, o que não impede adotarmos outros modelos. O importante é graduar qualquer modificação de andamento no decorrer da peça para que a execução se torne a mais equilibrada possível. Há uma diferença de velocidade entre o *ritenuto,* o *ralletando*, o *ritardando* e o *rubato.* O *ritenuto* indica uma diminuição de velocidade mais súbita e mais radical, já no *ralletando* e *ritardando* a velocidade vai se tornando cada vez mais lenta e quase

sempre eles são empregados nos finais de frase ou na conclusão de uma obra. O *rubato,* por sua vez, é um andamento ampliado ou prolongado que segue além daquele matematicamente disponível. O intérprete rouba um pouco o tempo de algumas notas e o compensa em outras. É muito utilizado no repertório romântico, no piano e pelos cantores para produzir um efeito musical distinto do acompanhamento.

6. Muitas vezes as composições compostas por grupos de semicolcheias têm o tema concentrado nas primeiras notas de cada grupo. Nesses casos, inicialmente o aluno deve estudar o trecho acentuando essas notas, para que depois elas possam ser apenas apoiadas.

7. Nas frases cromáticas crescer e acelerar na subida do cromatismo, decrescer e diminuir na descida. Há exceções, geralmente indicadas pelo próprio compositor.

8. Toda vez que houver um padrão ou desenho de frase repetido, o intérprete deve produzir um *accelerando* no início e um *ritenuto* no final desse padrão, ele pode ser acompanhado de um pequeno *crescendo inicial* e um pequeno *diminuendo* no final. Exemplo: *Prelúdio n. 4, compassos 1 a 8, op. 28 de F. Chopin*

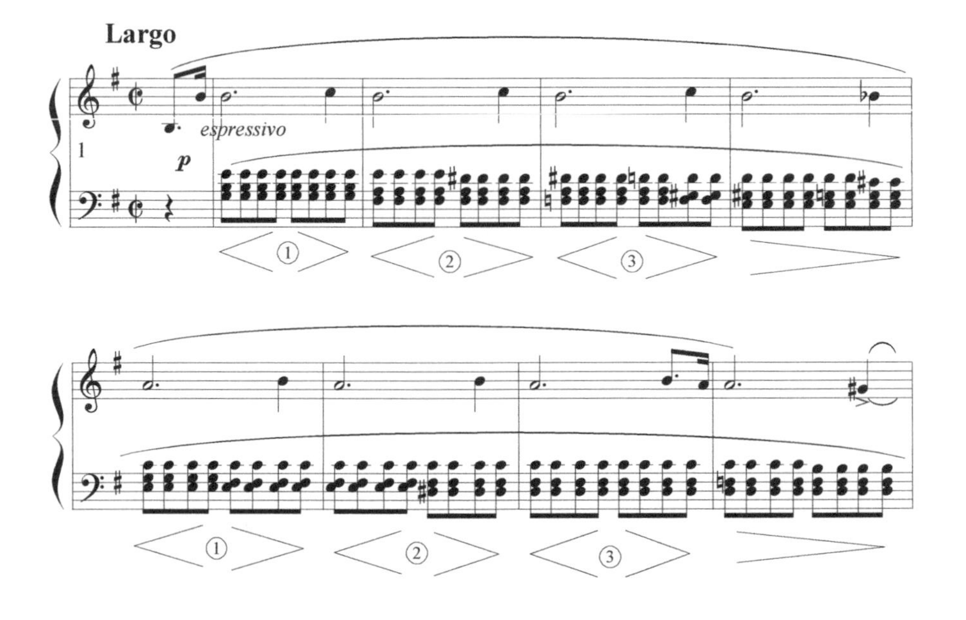

Observações pessoais. Neste exemplo a frase inicial termina na nota si (mínima pontuada) do 4º compasso, e não na nota *si bemol (semínima) como consta da ligadura expressa na partitura. Foram demarcados os pontos culminantes da frase da mão direita seguido da graduação numérica que será realizada no padrão harmônico da mão esquerda. O si bemol (semínima) do quarto tempo deverá* ser *imaginado como uma anacruse para o início da frase na mão* direita e deve acompanhar a graduação numérica determinada pelo padrão harmônico que se estende por toda a peça.

9. A *anacruse* sempre prepara a nota da melodia e não pode soar forte. Exemplo: Valsa do Adeus op. 69, nº 1 de F. Chopin.

Observações pessoais: A anacruse define-se como uma nota ou grupo de notas que precedem o primeiro tempo forte da sequencia melódica que se segue. Habitualmente elas estão localizadas no último tempo de um compasso que precede o tempo forte. Nesse caso, a anacruse deve soar mais piano do que a nota do tempo forte. Ela funciona como um ***levare*** *para o tempo forte. Gerhard Mantel dá um bom exemplo de uma série de anacruses na Primeira Sinfonia de L. V. Beethoven em Dó Maior, op. 21, quarto movimento – Allegro molto vivace (MANTEL, 2010, p. 59).*

10. Quando a mesma frase ou melodia se repetir por mais de 2 vezes, é bom que na terceira repetição se utilize um piano liso. Exemplo: Mazurka op 7, n. 3, de F. Chopin, compasso 9 a 24.

Observações pessoais: Outras graduações de dinâmica podem ser empregadas como a que se segue no exemplo musical indicado no item 12 (piano 1, piano 2 e piano ½). Dependendo do efeito a ser implantado, a graduação numérica pode se estender (piano 1, piano 2 e piano 3). O piano no repertório romântico pode ser executado um pouco mais lento.

11. Nas frases repetidas, às vezes é importante mudar a articulação. Se na primeira frase fizermos um *portato*, na sua repetição poderemos empregar um legatíssimo. Exemplo: Valsa póstuma n. 14, em Mi menor, cps. 25 a 56, de F. Chopin. Na repetição, as colcheias em *legato* poderão soar *non legato* para diferenciar da primeira execução.

Neste trecho musical podemos visualizar diversos modalidades de graduação numérica indicadas pelo professor. Nas apogiaturas a partir do compasso 43, o intérprete não deve diminuir a velocidade em virtude dessas apogiaturas e nem aumentar a sonoridade delas em relação a nota principal da melodia. Elas devem funcionar como um pequeno *levare* para a nota principal.

Nas sequências progressivas, harmônicas ou melódicas, o intérprete deverá crescer e acelerar gradualmente, usando a indicação numérica 1, 2, 3, tanto para os *crescendo*, como para o *acelerando*. É o caso dos compassos 25, 27, 29.

Também podemos observar nesse trecho, o traçado conduzindo a frase para o sinal "+" nos compassos 25, 27, 29 e 31. São exemplos de **clímax masculino**. Existe uma intenção numérica para chegar ao ponto culminante, de tal forma que esse ponto deve soar equilibrado, sem ataques e de forma gradual. Já nos compassos 33 até 38, temos exemplos de **clímax duplos**. As duas notas devem ter a mesma força para que o ponto culminante não seja novamente muito forte, desequilibrando a sonoridade almejada. No compasso 41, presenciamos um **clímax feminino** no segundo compasso - parte fraca do tempo, na nota *si*, técnica sonora que traz para a execução maior mobilidade sonora e afasta o ponto culminante de uma intenção sonora indesejada. No final do compasso 42 assistimos a um novo *crescendo* que terá o ponto culminante na nota *si* do compasso 43 (clímax feminino) para suavizar o toque do acorde no compasso 44. Contrariando a linha melódica escrita no compasso 48, assistimos a um movimento de frase que segue o *crescendo* e *descrescendo* a partir da nota *dó* da mão direita, onde se deduz que o acorde inicial representa o final da frase do compasso anterior, portanto deve soar mais brando, sem ataque. Também observamos que o ornamento do compasso 43, mão direita, não deve ser atacado, uma vez que segue a onda natural de crescendo até a nota *si* da mão direita. Não é o caso desse exemplo, mas, muitas vezes, o traçado melódico da mão direita não segue o mesmo traçado melódico da mão esquerda. Ele depende muito da função que se atribui às melodias superpostas. Aqui a mão esquerda segue o mesmo trajeto.

12. Nas obras compostas por Tema e Variações, o intérprete não deverá perder de vista as melodias contempladas no tema. As variações devem sempre rememorar o enunciado do tema, ainda que haja mudança

da tonalidade entre uma variação e outra. Exemplo: Neun Variationen über einen Marsch von E. Chr. Dressler, (Erste Fassung), Kinsky-Halm WoO 63. Tanto a Variação n. 1 como a de n. 2 preservaram o motim vo exposto no Tema, com pequenas modificações. O intérprete deverá estar atento a produzir a mesma ideia musical realizada no Tema. No exemplo abaixo temos, após a inclusão do tema, as variações n. 1 e 2 que devem de alguma forma rememorar esse tema.

Var. I
p
Var. II

Observações pessoais – O autor André Hodeir corrobora o procedimento adotado pelo professor quando afirma: "[...] la variation est une forme ou un procédé, ou les deux. Varier un théme, c'est le tranformer san en altérer l'essentiel, soit en l'ornant, soit emn le transcendant, soit en donnat l'avantage aux dessin secondaires que l'accoompagnent" (HODEIR, 1951, p. 120)

13. Nas frases compostas por tercinas, quintinas, etc, em sequência, o fraseado é sempre levado para as primeiras notas do tempo seguinte. Despreza-se a primeira nota, para conferir à frase maior leveza e a sensação de uma execução mais rápida e virtuosística. Exemplo: Estudo op. 25 n. 2, de F. Chopin.

Observações pessoais: Vários são os apoios musicais indicados pelo professor, seja para auxiliar a compreensão fraseológica, seja para intensificar os sentimentos interpretativos presentes na obra. Também são comuns as alterações de respiração nas frases musicais para valorizar o silêncio, os acellerandos, os ritenutos, os rubatos, os rallentandos, as alterações de articulações, de andamentos, sempre buscando o melhor sentido. Os compassos de n. 104 a 108 do Concerto em D Minor *para piano de W. A. Mozart. K. 466 mostram uma notação expressiva que altera o apoio das semicolcheias do compasso, buscando dessa formar dar à execução maior fluidez, maior virtuosidade e expressividade interpretativa. Observamos no exemplo dado que o acento expressivo que quase todos os pianistas fazem em cada tempo do compasso é deslocado para a nota seguinte em formato de onda. É como se fosse uma anacruse contínua. O relato do professor pode melhor expressar essa prática:*

Quando existe um grande número de notas, semicolcheias, etc, geralmente os intérpretes tocam apoiando a primeira semicolcheia de cada grupo. Não está errado, mas dessa maneira a execução não fica muito clara. O apoio na primeira nota de cada grupo de semicolcheias retém um pouco a velocidade. Ele funciona mais ou menos como um breque na frase. Se você utilizar uma outra articulação, a peça passa a ter maior fluidez, mais limpeza, mais clareza. Nesses casos eu desprezo o apoio dado à primeira nota de cada grupo, de forma que as notas seguintes vão formar uma espécie de anacruse para a primeira nota dos grupos de semicolcheias subseqüentes. Essa forma de execução limpa muito a execução, além de ser um recurso que poderá ser empregado em todos os instrumentos (Bianchi, 1999, p.5).

14. Nas obras compostas de sextina de semicolcheias, a melodia quase sempre está concentrada nas primeiras notas de cada grupo. Nesses casos o intérprete deve valorizar mais as primeiras notas de cada grupo fazendo delas a melodia principal. Exemplo: Estudo op. 25, n. 1, de F. Chopin

15. Quando o clímax ou ponto culminante de uma frase está fora do tempo forte, temos uma frase feminina. Geralmente, nas frases femininas o ponto culminante está na nota que antecede a mais aguda. Exemplo: Scherzo n. 1, op. 20, cp. 305 e 306. p. 65

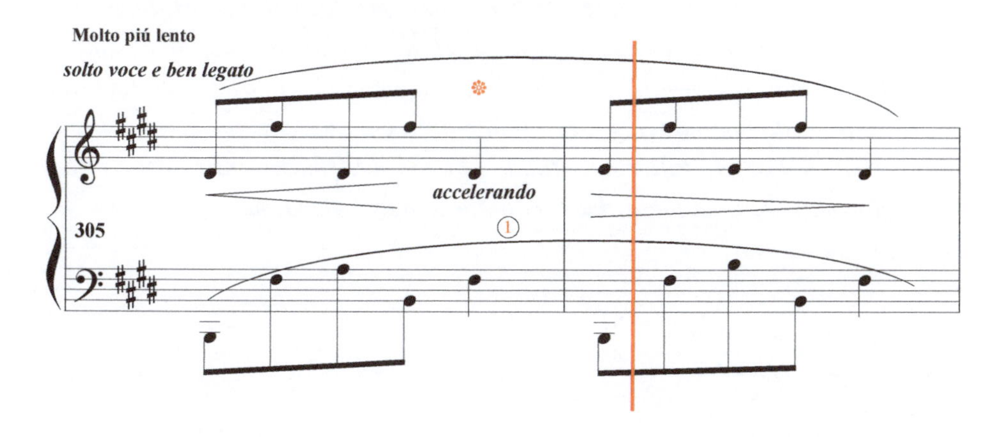

Observações pessoais: Indicações do ponto culminante de cada frase musical tornam-se ferramentas fundamentais para a obtenção de uma interpretação diferenciada, independentemente da interrelação que essas frases devam buscar. Para o professor toda frase musical possui um ponto culminante que deve ser marcado com uma sequência aritmética. Muitas vezes esse ponto culminante pode se estender para uma, duas, ou até quatro notas, com o intuito de que não haja uma sobrecarga sonora nos procedimentos interpretativos. É comum nas obras românticas o professor suavizar o ponto culminante indicado pelo compositor, antecipando essa força para uma nota anterior, que ele chama de ponto culminante feminino. A partir dessa marcação a subida sonora da frase torna-se mais natural. Na verdade, toda a execução deve buscar um sentido que seja o mais natural possível, tanto no instrumento, como na gestualística do intérprete e na produção do som que se queira alcançar. Essas atitudes trazem para a execução uma leveza e devem ser empregadas até mesmo nas peças de grande fôlego, transformando as passagens musicais mais difíceis em meros brinquedos interpretativos. Para ele a frase musical não deve ser executada sem nenhuma inflexão, com uma única sonoridade, uma única dinâmica. Essa atitude leva à monotonia e à incompreensão do texto. A inflexão correta do traçado melódico que busca os pontos de tensão e repouso da frase musical é de fundamental importância, uma vez que leva o ouvinte a compreender melhor o texto que está sendo executado. O item n. 10 traz vários exemplos de pontos culminantes. Segue agora, um exemplo de antecipação do clímax no compasso 29 da obra de F. Liszt, intitulada Um suspiro. Aqui o clímax feminino está no fá bequadro da mão direita e não na nota ré mínima onde se encontra o acento da partitura. Na verdade, esse acento para o professor soa mais como um suporte melódico do que propriamente uma acentuação. Ele tem a intenção de fazer com que o pianista conduza a sonoridade dessa nota até o trecho subseqüente que será um crescendo contínuo. Daí a importância de a mão esquerda estar em decrescendo. Esse decrescendo trará para o crescendo da mão direita uma sensação de maior sonoridade, sem atacar demais o instrumento, dando ao trecho uma sonoridade mais aveludada e menos martelada.

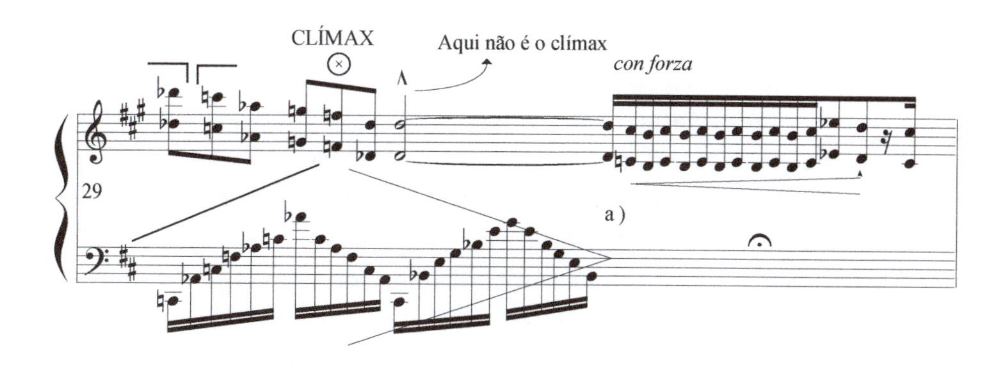

16. As notas que compõe uma síncope devem ser valorizadas. A síncope ocorre com o deslocamente regular de cada tempo em padrão cadenciado sempre no mesmo valor à frente ou atrás de sua posição normal no compasso. No Deux Nocturnes op. 32, n. 1, de F. Chopin, as síncopas devem soar em um crescendo gradativo para o tempo forte.

Observações pessoais: A síncope difere do contratempo. Ela existe quando o tempo fraco ou parte fraca de tempo se prolonga para o tempo forte ou parte forte seguinte. Ela basicamente é indicada por uma ligadura ou por uma nota pontuada em tempo fraco. Diversamente, o contratempo é composto

por acentos inseridos no tempo fraco ou parte fraca de tempo. As vezes o contratempo é indicado com uma linha curva que une duas notas de alturas diferentes. Portanto, a nota de onde parte a linha curva recebe mais acento do que a nota seguinte. Assim o contratempo é a deslocação de um acento normal do compasso e a síncope é a supressão de um acento normal do compasso pela prolongação do tempo fraco ou parte fraca de tempo, para tempo forte ou parte forte de tempo. Os sinais usuais do contratempo são: sf (sforzato), e outros que se escrevem sobre ou sob a nota (-, >, ^). A Dança Negra do compositor M. Camargo Guarnieri no compasso 24 tem um bom exemplo de contraponto (vide cp. 22 a 24), seguido do contraponto contemplado pelo professor no Concerto de Mozart.

Concerto in D minor

for the Pianoforte

W. A. Mozart

17. Toda frase introdutória tem sempre um crescendo e depois um diminuendo. Exemplo: Introdução do Estudo " La Campanella" de F. Liszt

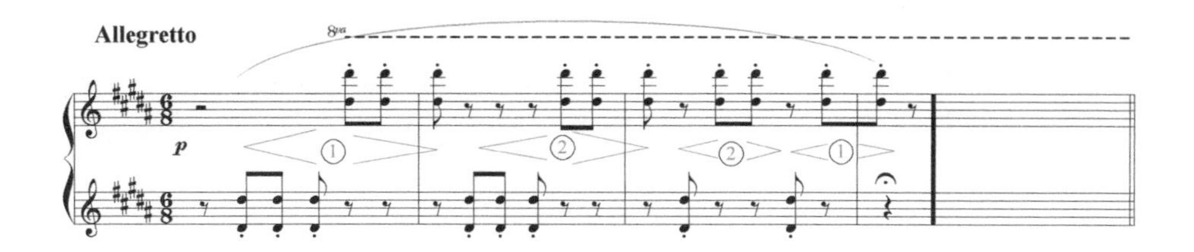

18. Nas cadências ou escalas de 3, 4, ou mais oitavas é importante não crescer muito nas notas mais graves, para que os agudos que se seguem fiquem mais brilhantes. Exemplo: Balada nº 1, op. 23, compassos 250 e 255, de F. Chopin.

19. Uma cadência não pode ser executada de uma só vez. O intérprete precisa contar o número de notas que compõem a cadência e realizar pequenas subdivisões de forma a atribuir ao trecho musical maior equilíbrio sonoro e rítmico, indicar quais serão os pontos de apoio desta cadência, que geralmente se concentram nas notas mais agudas, de forma que as demais notas contidas na subdivisão indicada sejam enca-

minhadas em um *accelerando* contínuo até o ponto de apoio, seguido de um *diminuendo* contínuo até a próxima subdivisão. As subdivisões indicadas devem ser seguidas de uma pequena respiração para que o trecho musical caminhe o mais natural possível e a cadência seja executada com brilhantismo. Ela começa de forma calma, gradualmente segue acelerada e no final haverá um pequeno diminuendo. A Cadência é sempre uma fantasia. Para interpretá-la você deve contar quantas notas ela possui para definir o meio onde você vai crescer e o meio onde você vai decrescer. Vejamos a *Quasi Cadenza* do *Noturno n. 3 de F. Liszt*, cp 25, conhecido com o título de Sonho de Amor.

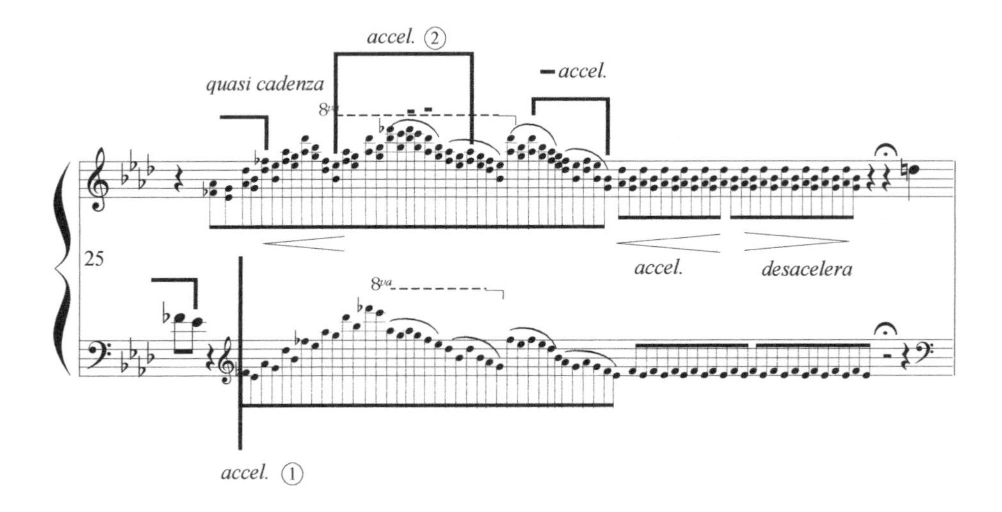

Observações pessoais: O professor dividiu essa cadência em trechos circundados por uma intenção harmônica que será repetida no trajeto executório, de forma mais ou menos similar. A partir daí ele cria ondas de acelerando e desacelerando, crescendo e decrescendo dosadas por uma numeração, criando dessa forma o rubato romântico.A seguir temos um outro exemplo de divisão de cadência na Sonata op. 24, para violino e piano de L. V. Beethoven. A divisão da cadência no piano segue a melodia traçada pelo violino.

SONATA - 1800/1801

Op. 24 - para violino e piano

L. V. Beethoven

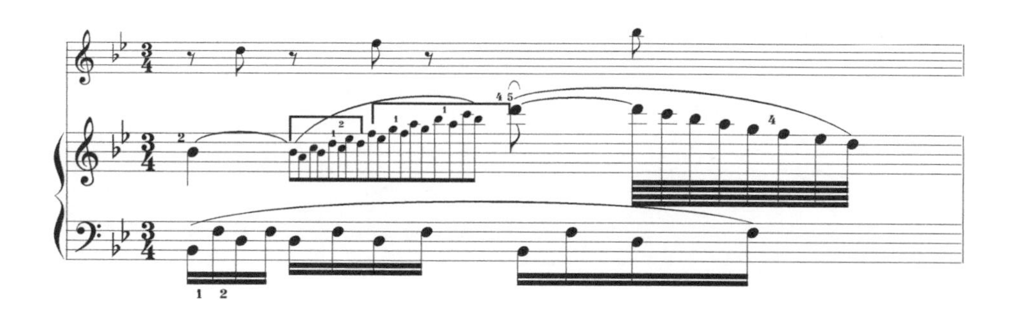

20. Em passagens muito virtuosísticas e com muitas notas, ouvir sempre as notas de cima, porque nelas está contemplada uma melodia um tanto escondida. Exemplo: Coda da 4ª Balada de Brahms, op. 10, cps 211 a 214.

21. Toda vez que a melodia passa da mão direita para a mão esquerda, o pianista não deve nem decrescer o som e nem alterar a velocidade. O trecho deve soar como se fosse produzido por uma única mão. Exemplo: *Diechterliebe, op. 48, n. 16 de R. Schumann, Die alten, bösen Lieder, para canto e piano.* Andante expressivo executado pelo piano como conclusão do lied.

22. Quando duas melodias soam simultaneamente a melodia mais lenta deve ser mais valorizada.

Observações pessoais. No Concerto em D Minor para piano de W. A. Mozart, K. 466, a nota mi semicolcheia, nos compassos 95 a 100 compõe uma melodia superposta, controlando cada nota da melodia principal e das melodias acessórias de forma hierárquica. A teia melódica transforma-se em uma grande polifonia. Outro exemplo é o Noturno de F. Chopin, op 27, n. 1. A melodia da mão direita deve ser mais valorizada e o acompanhamento harmônico da mão esquerda que segue durante todo o noturno deve ser executada em um pianíssimo. Vejamos o trecho musical do primeiro exemplo.

Concerto in D minor

for the Pianoforte

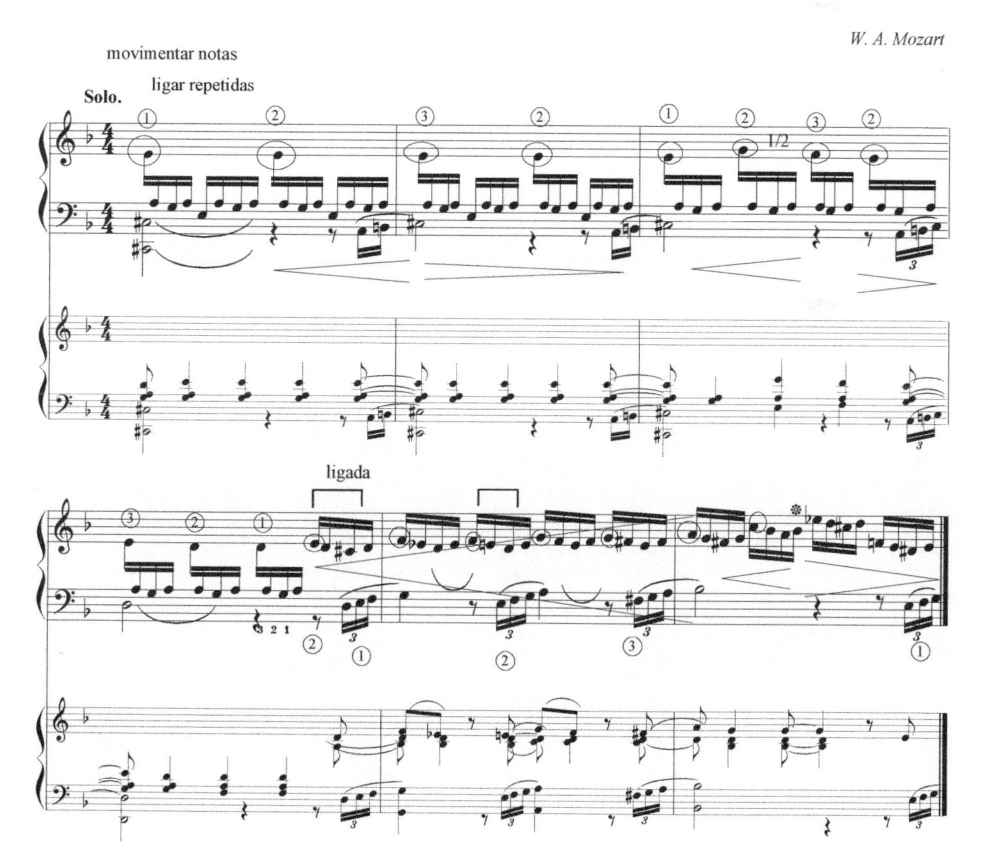

23. O piano liso não pode conter um *acellerando* ou *ritenuto*, senão vai faltar contraste com a frase anterior onde houve o *acellerando* e o *ritenutto*. Todos os *pianos lisos* são a tempo. Também nos ornamentos românticos, sejam quais forem, você deve valorizar sempre a nota da melodia. Nela você vai dar uma certa relevância, uma parada breve para depois concluir o ornamento. Nesses casos eu preciso sentir a nota da melodia, senão vai haver um amontoado de notas desconectadas. Eu tenho que parar um pouquinho na nota da melodia e depois tocar as demais notas.

Para concluir esse capítulo, agrego as indicações que o professor Bianchi sugeriu quando executei o 2º movimento da Sonata op. 31, n. 2 de L. V. Beethoven.

Sonata Op.31 No. 2 - D Minor - II Movimento

1

2
20
mf
21
22
cresc.
23
crescer em cada compassa 1 - 2 - 3 - 4
p
24
cresc.
25
26
as 3 primeiras notas mais rápidas
pouco rit.
27
p
28
L
29
dim.
regular o rit. na m.e.
e pós degrau
ral
30
cresc
31
p
dolce
o desenho vale para a m.e.
32
33
34
L
cresc
35
p
36

3
cresc
fazer com a m.e.
decresc
ralentar
cres
c.
sf
p
cresc
tr
m
e
IMITAR O MOV. DA ONDA
L

4
54
55
sf
m
d
m
e
56
57
f
sf
f
58
p
p
59
3
60
61
62
63
64
65
cresc
p

5
66
67
68
cresc
f
a tempo
69
70
71
Liso
p
decresc
72
73
74
cresc
75
76
77
78
cresc
p
79
80
81
82
cresc.
p
pp
pp
cresc.

6
83
acelerar um pouco
84
fazer um leve ritenuto
sf
85
p
cresc
86
sf
87
p
cresc
88
sf
sf
89
90
91
cresc.
92
93
p
sf
94
95
96
sf
sf
97
p
sf
sf
p
98
99
100
101
tr
tr
102
103
Ralentar
cresc.
p
p

Concluindo a explanação

En fait il y a deux techniques: l'une, extramusicale, que doit résoudre les problèmes concernant le mouvement musculaire e son adaptation aux exigences de l'instrument, l'autre, essentiellemente musicale, qui permet à l'exécutant d'utiliser se mouvements comme des symboles expressifs de l'oeuvre musicale et de la manière même dont il la vit. Mais il est évident que la seconde technique suppose la première, qui seule adapte les gestes expressifs de l'interprète aux nécesssités du mécanisme instrumental [...] La belle technique est toujours sincérité, naïveté retrouvée, spontanéité d'un être qui se manifeste tel qu'il est, qui n'essaie pas de travailler en ele-même e dans sa matérialité son exécution, d'agir de l'extérieur sur son corps, mais agit sur son âme et laisse le corps la manifester selon ses lois noturelles (BRELET, 1951, p. 245-246).

Não poderia concluir essa produção sem me reportar a Gisèle Brelet, uma *expert* das pesquisas envolvendo execução e interpretação musical. Obviamente, muito teríamos que abordar sobre seus sábios ensinamentos, mas o texto acima contempla com exatidão a essência do trabalho de interpretação musical, em parte, retratado por Walter Bianchi, que em alguns aspectos é similar a metodologia de Uhde& Wieland, analisada pela pianista Margarida Fukuda e consolidada por relatos publicados por notórios instrumentistas nacionais e internacionais.

Muito ainda há que ser escrito sobre a performance e interpretação musical. Tenho a consciência que esta publicação não porá fim a este assunto, porém, de certa forma, ela traz novas perspectivas de análise do trabalho desenvolvido pelo professor Bianchi, anteriormente retratado na publicação realizada em 2005.

Não posso também considerar essa nova publicação como uma continuação do primeiro livro - um segundo volume, pois as informações e relatos de intérpretes e pesquisadores da área trouxeram questões importantes que foram indiretamente abarcadas por esse professor em suas aulas práticas e nas conversas informais com seus alunos, não com a mesma eloquência expositiva presente nas publicações dos estudiosos aqui trazidos, mas com o seu linguajar prático de quem monta uma pesquisa *fazendo.*

Sob esse prisma, adequa-se o que está expresso no capítulo I desta publicação no que diz respeito à *Pesquisa Sonora*, que tem como maior objetivo, trazer procedimentos interpretativos práticos que podem se transformar em pesquisas de valor para o desenvolvimento da performance e da interpretação. Para mim, ainda se faz necessário estudar a relação que existe entre o "fazer interpretativo" e o "pensar a interpretação musical". Uma ruptura entre essas duas ações desmantela a unidade mental e factível do discurso musical.

Que essa publicação traga aos jovens intérpretes motivações suficientes para o desenvolvimento de outras pesquisas e que os trechos musicais aqui expostos possam norteá-los mais intensamente a produzirem suas próprias interpretações, respeitando a dualidade contida no ato de interpretar e sua congenialidade com as leis naturais.

Sonia Regina Albano de Lima
25 de julho de 2019

Ad tempora

> *(Marcel Tabuteau) Ele era um gênio para a época. Faz 49 anos. Alunos do mundo inteiro queriam estudar com ele. Foi uma coisa de Deus ter aulas com ele. Fui o único aluno da América do Sul, que conseguiu uma bolsa para estudar com este professor. Era genial e como todo gênio era um neurastênico. Não se podia errar uma coisa por duas vezes. Por conta deste gênio terrível, presenciei fatos desagradabilíssimos. O professor Minsker, era o corne inglês da Orquestra de Filadélfia. Numa das aulas, o Tabuteau azucrinou tanto este aluno, que este, em determinado momento, jogou seu instrumento no chão, destruindo-o por completo. Ele era uma fera, aceitava apenas quatro alunos e dava aulas coletivas para estes quatro alunos. Numa ocasião, o Rosenblatt que tocava na Filarmônica estava com uma palheta horrível. Você sabe que a pior coisa para um oboísta é uma palheta ruim! Ela é o segredo de um bom oboísta. Nós somos escravos da palheta. Este professor esbravejou com este aluno de tal forma, que ele começou a chorar. Dizia que o seu oboé era chinês, e que aquilo estava péssimo. Aquilo foi como uma facada no meu coração, porque este rapaz era doce, não merecia aquilo. Ele não podia estar tocando bem porque a palheta não estava ajudando. Mas aquele gênio não queria saber de nada. Foi a maior lição que recebi na minha vida. Olhei para o meu professor e pensei: -"Obrigado Tabuteau, você me ensinou como não se deve ensinar, nas minhas aulas vou fazer o contrário" Eu sou seu professor e você me conhece. Meus alunos adoram minhas aulas, são tranqüilas, os meus alunos são meus amigos. Tenho 60 anos de orquestra e dezenas de anos ensinando, nunca fiquei nervoso. Ensinando música, esqueço tudo e deixo os problemas fora da sala de aula* (BIANCHI, Entrevista de 06 de fevereiro de 1996)

O que classifica um bom professor? Por que, mesmo com o passar do tempo, temos ainda presente seus ensinamentos, sua amorosidade, suas rusgas? Por que determinados professores estão presentes em nossas lembranças e outros estão perdidos no tempo? Que relação de respeito e agradecimento se estabelece entre um professor e um aluno que o tempo não é capaz de apagar? Seria uma similaridade de almas? Seria sua competência profissional? Seria o tempo de convivência com este mestre? Essas indagações sempre estiveram presentes em minha mente e me fizeram refletir o quão importante é para um professor manter uma relação de competência, respeito e amizade para com seus alunos. Essa relação não se restringe a repassar para eles ensinamentos precisos, aprimorados por um contínuo e incansável aprendizado musical, nem aprender nos livros como se deve ensinar. Essa relação extrapola esse sentido pragmático. Também não se restringe a aceitar as limitações dos alunos sem esperar deles uma reação contrária, capaz de levá-los a um patamar superior; nem no fato de desenvolver uma passividade cognitiva frente aos inúmeros problemas que advem desse relacionamento. O relacionamento professor/aluno e ensino/aprendizagem comporta uma atuação profissional mais reflexiva, repleta de amorosidade, respeito e dialogismo.

Também devemos considerar que um aluno de performance, no decorrer de sua formação, recebe ensinamentos de diversos mestres, alguns relembrados com carinho, outros com certo constrangimento, outros esquecidos. Quando guardamos em nosso interior a lembrança de um mestre querido podemos compreender o quanto suas repreensões foram importantes para o nosso desenvolvimento profissional, como seus conselhos e ensinamentos foram fundamentais em nossa carreira e como sua presença foi marcante em nossa trajetória. Um professor de performance, quase sempre estabelece com seu aluno uma parceria, um ambiente de troca, um se desvincular da hierarquia que por vezes pode predominar nesta relação, um respeito mútuo, um resgate do que é "*ser humano*".

A performance musical, em última instância, tem um significado prático – o de *fazer música*. Isso traz para o *performer* a responsabilidade de não cometer erros durante a execução, dominar a linguagem musical, buscar o sentido estético da obra executada, agregando-lhe um valor espiritual que se incorpora à função que ela desempenha. Ao mesmo tempo, um ouvinte ao se dirigir a uma sala de concerto, deseja se comunicar com o sagrado contido nas obras interpretadas. Sob essas condições, um *performer* deve se preparar para atingir esse patamar. Para tanto, é importante o convívio, ainda que transitório, com um professor com atributos um tanto diferenciados. Atitudes de complacência, de humildade, comprometimento profissional, parceria, diálogo, análise contínua do agir pedagógico, respeito às diferenças e até mesmo repreensões que exigem do aluno uma atitude mais coerente e respeitosa para com o seu aprendizado, são bem-vindas da parte desse professor. Outros atributos mais subjetivos também estão presentes no exercício dessa docência, considerando-se a relação direta que este professor estabelece com seu aluno.

No texto que incorpora a coletânea *Ensino, Música & Interdisciplinaridade* (2019, p. 127-141) descrevo em que medida se dá o processo de aprendizagem em qualquer modalidade de saber. Considero que a principal tarefa de um professor é conduzir o aluno a descobrir os valores e as experiências vivenciadas em sua trajetória profissional. Nesse intuito, cito G. Gusdorf (1995) quando relata que o aluno necessita de um condutor que estabeleça com ele uma relação de afinidade. Para esse autor o segredo da educação está em descobrirmos nela o nosso autêntico ideal de vida. Só quando o aluno descobre esse ideal ele se entusiasma e decide realizá-lo:

> A palavra mestre é prerrogativa independente da atividade pedagógica propriamente dita. Muitos homens ensinam uma disciplina intelectual ou manual, uma técnica, um ofício, poucos desfrutam desse acréscimo de autoridade que lhes advém não do seu saber ou capacidade, mas de seu valor como homem. Nesse sentido, um artista, um artífice, um homem de estado, um chefe militar, um sacerdote, podem ser tão bons ou melhores mestres para aqueles que os cercam do que certos professores. A vida de tais homens impõe-se, a todos ou a alguns, como uma lição de humanidade (GUSDORF, 1995, p. 3).

Sob esse prisma a relação professor/aluno torna-se um processo ontológico, a docência torna-se um dom de discernimento dos espíritos que, ao pressentir as possibilidades de cada um, propõe o fim e os meios de alcancá-lo, a partir de suas próprias capacidades. Como afirma Gusdorf (1995, p. 25) o processo de ensinar projeta-se como um diálogo aventuroso, em que dois homens de maioridade desigual confrontam-se, mas onde cada um, a seu modo, dá testemunho perante outro das possibilidades humanas. Assim se estabelece uma relação amistosa entre um e outro, não hierárquica ou autoritária, mas comprometida e responsável. Segundo Gusdorf, um indivíduo não se realiza se não puder expressar ao mundo o seu verdadeiro sentido de vida. Portanto, essas são prerrogativas que devem estar presentes em um professor de performance.

Considerados esses relatos é que vejo no professor Bianchi a figura de um autêntico *Mestre*. Aquele que nos leva a conquistar os nossos objetivos, tanto profissionais como espirituais, de forma autêntica e integra. Seus ensinamentos nos levam a compreender o legado humanitário da música, a essência da obra musical, a beleza no ato de fazer música, sempre perfilhado de um conhecimento musical sólido, pois essa é a forma que ele encontrou de manifestar sua essência maior. Sua ação docente está despida de qualquer artifício. Ela é pura e por ser pura, torna-se um ato de amor à música, ao aluno e a si mesmo.

Foi essa maneira especial de ensinar que me levou a difundir seus ensinamentos em duas publicações. Posso assegurar que ainda que eu não o tenha ouvido executar uma única obra no período em que convivemos, e mesmo com sua sáude já bem debilitada, ele foi capaz de me repassar ensinamentos preciosos. Vejo na figura desse *Mestre* um modelo de docência que deve ser reverenciado por todos nós professores e que dimensiona a importância do serviço que prestamos para a música, para a educação e para a humanidade. Para ele, minhas melhores lembranças.

Referências bibliográficas

ABBAGNANO, Nicola. **Dicionário de Filosofia**. São Paulo: Martins Fontes, 2003.

ABDO, Sandra. Execução/Interpretação Musical: uma abordagem filosófica. **Per Musi**: Revista de Performance Musical, vol. 1, 2000. Belo Horizonte: Escola de Música de UFMG, p. 16 – 24.

ÁLVAREZ, Lluis X. **Signos estéticos y teoria**: Crítica de las ciências del arte. Barcelona: Anthropos Editorial del Hombre. 1986.

ANDER-EGG, Ezequiel. **Introducción a las** técnicas de **investigación social:** para trabajadores sociales. Buenos Aires: Humanitas, 1978.

BAS, Julio. **Tratado de la Forma Musical.** Buenos Aires: Ricordi Americana, 2ª edição, sem data de publicação

BAREMBOIM, Daniel & SAID, Edward W. **Paralelos e Paradoxos - Reflexões sobre música e sociedade.** São Paulo: Cia das Letras, 2003.

BARENBOIM, Daniel. **El sonido es vida. El poder de la** música. Bogotá: Grupo Editorial Norma, 2008.

BIANCHI, Walter**. Apostila** não editada. Interpretação Musical baseada na Lei Cósmica do Universo. A Revolução Interpretativa. Data provável (2003).

BLUM, David. **Casals y el arte de la interpretación.** Barcelona: Idea Books. S.A., 2000.

BRELET, Gisèle. **L'Interprétation Créatice:** Essai sur l'exécution musicale. Tome I. Paris Presses Universitaires de France, 1951.

CASELLA, Alfredo. **El piano.** Buenos Aires: Ricordi Americana. 1936

COUTO E SILVA, Paulo de. **Da interpretação musical.** Porto Alegre: Editora Globo, 1960.

DART, Thurston. **Interpretação da música**. São Paulo: Martins Fontes Editora. 1990.

DORIAN, Frederich. **Historia de la ejecución musical:** el arte de la interpretación musical desde el Renacimiento hasta nuestros días. Madrid: Taurus Ediciones. 1986.

EHRENZWEIG, Anton. **A ordem oculta da Arte:** A psicologia da Imaginação Artística. Rio de Janeiro: Zahar Editores, 1977.

FOLDES, Andor. **Claves del Teclado: um libro para pianistas**. Buenos Aires: Ricordi Americana, 1958.

FONSECA, Maria Teresa de Oliveira. Criatividade e Interpretação musical: percepção de elementos criativos na interpretação pianística. **Dissertação de Mestrado**. https://repositórioaberto, up. pt/handle/10216/23402. licença: https:// creativecommons.org/licences/by-ne/4.0/ acesso em 09 de novembro de 2019

FONTAINHA, Guilherme Halfeld. **O ensino do piano: seus problemas técnics e estéticos.** Rio de Janeiro: Carlos Wehrs & Cia Ltda. 1956.

FREIRE, Vanda Bellard e CAVAZOTTI, André. **Música e Psquisa: Novas abordagens**. Belo Horizonte: Escola de Música da UFMG, 2007

FUBINI, Enrico. **El siglo XX: entre música e filosofia**. 2ª edição. Espanha: Universitat de València (PUV), 2014.

FUKUDA, Margarida Tamaki. A ideia de Zeitgestalt como meio de expressão para a interpretação musical. **Dissertação de Mestrado**, 2002. São Paulo: Pontifícia Universidade Católica de São Paulo.

FUKUDA, Margarida Tamaki. A ideia de Zeitgestalt como meio de expressão para a interpretação de um estudo? Eisler e Weberb caminham nos mares do sul... de Gilberto Mendes. **ANAIS** do XVI Congresso da Associação Nacional de Pesquisa e Pós-graduação em Música (ANPPOM), Brasília, 2016, p. 613-617)

GARCIA, Joe de Assis. Interdisciplinaridade, tempo e currículo. **Tese** de Doutorado: PUC-SP, 2000.

GIL, Antônio Carlos. **Métodos e técnicas de pesquisa social** – 5 ed. São Paulo: Atlas, 1999

GONZALEZ, Maria Eunice Quilici e HASELAGER, Willem (Pim) Ferdinand Gerardus. Raciocínio abdutivo, criatividade e auto-organização. In: **Cognitio**, São Paulo, n. 3, nov. 2002, p. 22-31.

HARNONCOURT, Nicolaus. **O Discurso dos Sons: caminhos para uma nova compreensão musical.** Rio de Janeiro: Jorge Zahar, 1998.

HODEIR, André. **Les formes de la musique.** Paris: Presses Universitaires de France, 1951

LACERDA, Osvaldo. Compêncio de Teoria Elementar da Música. São Paulo: Ricordi, 8ª edição.1966.

LEIMER, Karl. **La moderna ejucución pianística según Leimer-Gieseking.** Buenos Airess: Ricordi Americana, 1930. Tradução de Roberto J. Carman.

LEIMER, Karl. **Como devemos estudar piano.** América do Sul: Editorial Mangione S.A. 1949. Tradução de Tatiana Braunwieser.

LEIMER, Karl. **Ritmica, dinâmica, pedal y otros problemas de la ejecución pianística según Leimer-Gieseking**. Buenos Aires: Ricordi Americana, 1938.

LIMA, Sonia R. Albano. **Os cursos de formação de docente e a intrincada relação professor/aluno.** p. 127-141). In: LIMA, S. R. A. de. (org) Ensino, Música & Interdisciplinaridade. São Paulo: BT Acadêmica, 2019, 4ª edição revisada e ampliada.

LIMA, Sonia R. A. LIMA. A dupla natureza da obra musical e os procedimentos interpretativos, p. 123 a 137. In: Paulo Costa (org). **Pesquisa em música e di**álogos com p**rodução artística, ensino, memória e sociedade**. Salvador: EDUFBA, 2016, (Série Paralaxe: 1)

LIMA, S.R.A. Uma metodologia de interpretação musical brasileira. In: Performa '07. Conference on Performance Studies. Encontros de Investigação em Performance. Aveiro. **Actas...**Aveiro: Universidade de Aveiro. MARINHO, H; SARDO & CORREIA, J. S (edição) Departamento de Comunicação e Arte, 2007, 50 p., páginas 1-5

LIMA, Sonia R. Albano de. **Uma metodologia de interpretação musical**. São Paulo: Musa Editora, 2005.

LIMA, Sonia R. Albano de. Performance: investigação Hermenêutica nos processos de Interpretação Musical, p. 91 a 114. IN: RAY, Sonia (org). **Performance Musical e suas interfaces**. Goiânia: Editora Vieira e Irokun Brasil, 2005.

LIMA, S. A. Entrevista com W. Bianchi, realizada em 06/02/1996. In: **Escola Municipal de Música- 30 anos de ensino profissionalizante.** São Paulo: Fundação Biblioteca Nacional, 1999.

LIMA, S.A. Entrevista com Bela Mori, realizada em 04 de setembro de 1995. In: **Escola Municipal de Música- 30 anos de ensino profissionalizante.** São Paulo: Fundação Biblioteca Nacional, 1999.

LIMA, S. R.A. Walter Bianchi: Uma Escola de Interpretação Musical em São Paulo. Encontro Nacional da ANPPOM, 1998, São Paulo. **Anais...** Campinas: ANPPOM, 1998. 357 p. p. 299-303. s/ISNN.

MANTEL, Gerhard. **Interpretación – Del texto al sonido**. Madrid: Alianza Música, 2010

MARCONI, Mariana de Andrade; LAKATOS, Eva Maria. **Técnicas de Pesquisa**. São Paulo: Atlas, 2017.

MORAIS E SILVA, Luciano Cesar. Interpretação Musical: uma leitura hermenêutica. Pensando: **Revista de Filosofia** vol. 7, n. 13, 2016.p. 172-191. São Paulo. ISSN 2178 843x

MORI, Bela. 32 estudos escolhidos de R. Kreutzer e P. Rode – trabalho de revisão. Organização de Sonia R. Albano de Lima, 2000.

RIEMANN, Hugo. **Fraseo Musical.** Barcelona: Editorial Labor, 1928.

RINK, John. Análise e (ou?) performance. **Cognição & Artes Musicais**, vol. 2, número 1, maio 2007. p. 25-44.

RINK, John (ed.). **La interpretación musical**. Madrid: Alianza Editorial. 2017.

RUMMEL, J. Francis. **Introdução aos procedimentos de pesquisa em educação**. Porto Alegre: Globo, 1977.

SADIE, Stanley (edit.) **Dicionário Grove de Música,** edição concisa. Rio de Janeiro: Jorge Zahar Editor, 1994.

SANTAELLA, Lucia. **Comunicação e Pesquisa**: projetos para mestrado e doutorado. São Paulo: Hacker Editores, 2001

SCHWEITZER, Albert. **J. S. Bach – El Musico – Poeta**. Buenos Aires: Ricordi Americana, 1955.

SCLIAR, Esther. **Fraseologia Musical.** Porto Alegre: Editora Movimento, 1982

SUPICIC, Ivo. **La musique expressive.** Paris: Presses Universitaires de France, 1957.

WINTER, Leonardo Loureiro e SILVEIRA, Fernando José. Interpretação e execução: reflexões sobre a prática musical. **Per Musi**: Revista de Performance Musical, vol. 13, 2006. Belo Horizonte: Escola de Música de UFMG, p. 30-49.

ZAMACOIS, Joaquín. **Curso de Formas Musicales**. Espanha, Barcelona: Editorial Labor. 1979.

ZAMBONI, Silvio. **A pesquisa em arte: um paralelo entre Arte e Ciência**. Campinas: São Paulo: Autores Associados, 1998.

Partituras

BEETHOVEN, Ludwig van Beethoven. **Neun Variationen** über **einen Marsch** von E. Chr. Dressler, (Erste Fassung), Kinsky-Halm WoO 63. Alemanha: Edição Henle Verlag. p. 1

BRAHMS, Johannes - **4ª Balada, op 10.**

CHOPIN, Frédéric. **Preludio op. 28, nº 4**, mi menor, p. 11. São Paulo: Irmãos Vitale Editores. ______**Mazurka op** 7, n. 3. BI 61- Alemanha: Edição G. Henle Verlag München (p. 18)

______**Valsa op. 69, Nº 1,** La b menor (Valsa do Adeus). Buenos Aires: Editorial Musical Julio Korn

______**Estudo op. 25, n. 1**. Paris: Editor Paderewski (p. 63

______**Estudo op. 25 n. 2**. Paris: Editor Paderewski (p. 68

______**Scherzo n. 1,** op. 20, BI 65 p. 5. Alemanha: Edição Henle Verlag Müchen

______**Deux Nocturnes op. 32**, n. 1. BI 106. Alemanha: Edição G. Henle Verlag München (p. 48)

______**Balada nº 1,** op. 23. Paris: Editor Paderewski

______ **Noturno,** n. 10, op. 32, n. 2, BI 106. Alemanha: Edição G. Henle Verlag Müchen, p. 52.

______ **Noturno,** n. 7, op. 27, n. 1, BI 91. Alemanha: Edição G. Henle Verlag Müchen, p. 36.

DEBUSSY, Claude. **L'Ombre des arbres**, Ariettes oubliées, para voz e piano.

GUARNIERI, Camargo. **Dansa Negra.**

LISZT. Franz. Grandes Etudes de Paganini, for piano solo. **Estudo n. III.** La Campanella. p. 25. Budapest: Editio Musica Budapest.

______**Il Sospiro.** Konzert. Etüde III. Mainz: Edition Schott

______**Noturno n. 3** (Sonho de Amor). Brasil: Ricordi

SCHUMANN, Robert. Diechterliebe, op. 48, n. 16 '**Die alten, bösen Lieder',** para canto e piano. Paris: Éditeurs Durand & Cia

Anexos

Depoimento da pianista Maria Elisa Risarto enviado via e-mail, no dia 05 de junho de 2019, respondendo as perguntas por mim formuladas.

Você ainda tem aplicado as recomendações relatadas pelo Bianchi em sua prática performática?

Sonia, é impossível não o fazer. Atualmente, como professora e pianista colaboradora na Faculdade Santa Marcelina, estou em contato com alunos de regência, de canto e instrumento, tocando obras de grande valor musical, imprescindíveis para a vivência e formação destes futuros músicos. Minha preocupação maior é buscar sempre a interpretação ao piano mais coerente com o adiantamento de cada um desses alunos que acompanho. Sinto que o crescimento interpretativo deles depende sempre do técnico, mas à medida que este vai sendo desenvolvido e os alunos vão tendo mais segurança, a interpretação vai fluindo melhor e assim podemos colocar em prática todos aqueles conhecimentos que o Bianchi nos proporcionou.

Nas suas aulas de "Leitura à primeira vista ao piano" como você utiliza a metodologia do Prof. Bianchi?

Nas aulas de leitura à primeira vista ao piano destinada aos pianistas que estão fazendo música de câmara, sofro demasiado com a dificuldade destes alunos, ainda preocupados com a leitura como decifração da escrita propriamente dita. Sempre me lembro o que o Bianchi dizia: "Ler a música conforme está escrita não é interpretá-la. É como ler um livro ou uma notícia do jornal. Se apenas seguirmos as indicações do compositor, não estaremos criando nada. Sem a sua "criação interpretativa" você apenas estará fazendo uma leitura musical". Nesse sentido, a "leitura à primeira vista ao piano" deve envolver a interpretação, a recriação do texto musical no ato mesmo da execução propriamente dita. Esta é a meta desta prática. O *expert* em leitura à primeira vista o faz pelo simples fato de ele já pensar e sentir a música que lê desta maneira, pois a sua sensibilidade está presente juntamente com todo o conhecimento musical e a técnica envolvidos no ato. Quando estou em aula, a metodologia do Bianchi é aplicada logo de início, buscando além de notas, ritmos e localização no teclado corretos, direcionar a musicalidade e a sensibilidade dos alunos para a música que estão descobrindo no ato de tocar à primeira vista. Não importa quais as dificuldades de cada aluno, a música é o mais importante.

O que ainda permanece vivo em sua prática advinda do conhecimento das ações desse intérprete?

O que mais está gravado em minha mente é que toda frase tem um começo, um clímax e um fim. Isto se aplica a toda melodia, que pode ser dividida em várias frases, etc. Tudo isto vai sendo levado adiante até o clímax da própria peça e ao seu final. Como intérprete, devo fazer minhas escolhas, baseadas na minha sensibilidade e prática, mas o sentido é sempre buscar a beleza da Música. Conforme consta na apostila do Prof. Bianchi, p. 76, Isaac Stern relata: "As possibilidades de Interpretação de uma Música são infinitas"; Bianchi por sua vez, diz: "Não se deixe influenciar pela Interpretação dos outros. Elas servem como estudo. Pesquise. Filtre a Música na sua sensibilidade. A melhor Interpretação é a sua"

Você ainda vê nas informações prestadas por esse mestre uma ligação profunda com as leis da natureza?

Sim. O Prof. Bianchi nos mostrava que a "Lei do Universo" era a sua maneira muito pessoal de interpretar uma obra musical, que a beleza da Música é quando cada um se expressa de acordo com a sua sensibilidade, provocando as mais variadas emoções. Segundo ele, a Lei do Universo é a Vida da Música. Ele explica que quando um compositor escreve um *crescendo* é porque ele quer mais emoção naquele momento. Nesse clímax do *crescendo*, teremos também o clímax da emoção. Seguindo sua lei do Universo, teremos esta emoção presente durante toda a música. Emoção, segundo ele, é um estado de espírito que aumenta com o *crescendo* das vibrações de nossa sensibilidade (Bianchi, apostila, p. 41).

Bianchi sempre insistia na importância de desenvolvermos a própria sensibilidade durante o processo interpretativo. O que ele queria dizer com essa afirmativa?

Acredito que todo este trabalho que o intérprete aprende a fazer para filtrar em si as diferentes alternativas que vislumbra para interpretar um texto musical, faz com que sua sensibilidade fique mais aguçada e esta escolha se torne cada vez mais pessoal e natural, pois combina perfeitamente com suas emoções. O domínio dessas emoções musicais é que faz com que o repertório de vivências musicais se torne cada vez maior para a sensibilidade do intérprete no momento da escolha.

Você acredita que o Bianchi não estabeleceu condições para trabalharmos com uma interpretação adequada no repertório barroco e contemporâneo?

No caso do Barroco, podemos, através da nossa sensibilidade e estudo profundo, interpretar a música dentro das normas desse estilo sem problemas. Tudo depende da visão que tivermos. Não sabemos como eram feitos os instrumentos da época nem como eram tocadas as obras, mas se realmente quisermos imitar o que era feito, então teremos que ajustar nossa sensibilidade e procurar instrumentos de época, etc. Mas se concordarmos em interpretar tais obras em instrumentos atuais, teremos que pensar de outra forma. Tudo é questão de escolha. No caso da música contemporânea, se pudermos imaginar que toda esta técnica de interpretação possa ser feita com outro tipo de escrita ou código, partindo da lógica de cada estilo e estudo esmiuçado e profundo da Música, o intérprete poderá encontrar no texto a interpretação adequada a sua sensibilidade e melhorar ainda mais a escrita do compositor.

O Prof. Bianchi era um oboísta, portanto, ele tocava um instrumento essencialmente melódico. Diante dessa realidade você acredita que ele não valorizava em igual medida a estrutura harmônica da obra executada?

Nas peças que toquei para ele, notei que suas observações levavam em conta a obra como um todo, já que a melodia está calcada nos movimentos estruturais harmônicos que a sustentam. Muitas vezes tudo podia mudar por causa de uma modulação ou de uma mudança na instrumentação de uma obra orquestral, portanto, sua Interpretação também estava predisposta a seguir estes caminhos.

Você entende que o professor Bianchi antes de qualquer execução se preocupava em analisar a obra para produzir uma interpretação adequada?

Sim, entendo que ele assim pensava, tanto que deixou escrito no quarto mandamento para o regente de orquestra: " Nunca o regente deve ir para o ensaio sem ter analisado e estudado a partitura, a ponto de quase ou realmente sabê-la totalmente de cor. É bom evitar reger o tempo todo olhando para a partitura" (Bianchi, Apostila, p. 8). No momento em que uma interpretação é escolhida pelo intérprete como a melhor, a obra pode ser analisada e estudada a fundo para que fique memorizada definitivamente em nossa execução.

Breve apresentação da metodologia de Jürgen Uhde e Renate Wieland

Margarida Tamaki Fukuda

22/07/2019

Desenvolvida pelo pianista, pedagogo e musicólogo alemão Jürgen Uhde em parceria com a filósofa e também pianista Renate Wieland, a presente metodologia está contida no livro *Denken und spielen* (pensar e tocar), voltado para os aspectos da interpretação musical, publicado em 1988, em sua primeira edição.

Fundamentando seus pensamentos nas filosofias de Bergson, Adorno, Kurth, Zuckerkandl, Uexküll, entre outros, Uhde e Wieland utilizam a ideia de *Zeitgestalt* como instrumento de análise para a interpretação musical, buscando auxiliar o intérprete a criar a coerência de sentido, o fluxo sonoro, e a expressão, a partir da percepção da estrutura da música contida no texto de uma partitura.

A percepção de uma *Gestalt* (Forma, em alemão) em Música, seria a percepção espontânea de uma unidade que apresenta sentido em uma sucessão de notas ou de outros signos musicais. *Zeitgestalt* é uma palavra composta e pode ser compreendida como forma temporal. Analisar as *Zeitgestalten* de uma música refere-se a análise dos impulsos contidos em seu interior, constituídos pelas fases de tensão, culminação, e distensão, indicadas, respectivamente, pelos sinais [X] .

Da percepção desse processo temporal dependeria a articulação de dois dos principais meios de expressão de que dispõe o intérprete para a execução de uma obra musical, determinante para a respiração na música: a dinâmica e a agógica. Cinco princípios concorrem para a determinação do ponto culminante: o acento métrico-rítmico, o ponto culminante melódico, o ponto de tensão harmônica, os acentos ocorrentes e o ponto de maior densidade sonora. A análise começa com a percepção de *Mikrozeitgestalten* ou detalhes, podendo constituir um motivo, uma frase, um tema.

Podemos encontrar *Zeitgestalten* evidentes, como no *1º Prelúdio do Cravo Bem Temperado*, vol. I de J. S. Bach.

Exemplo 1. 1º Prelúdio do Cravo Bem Temperado, vol. I de J. S. Bach, c.1. Zeitgestalt evidente.

Podemos ainda encontrar com muita freqüência *Zeitgestalten* ambíguos, como em *Von fremden Ländern und Menschen* das *Cenas Infantis* de R. Schumann. No Exemplo 2, a melodia ganha sua maior intensidade na tensão intervalar de sexta ascendente si-sol do compasso 1.

Exemplo 2. Schumann. Von fremden Ländern und Menschen c.1 e 2, ponto culminante melódico. (Uhde e Wieland, 1989, p.163; Fukuda, 2002, p.33)

No Exemplo 3, por sua vez, a harmonia se intensifica no som tensionado da segunda semínima do compasso 1.

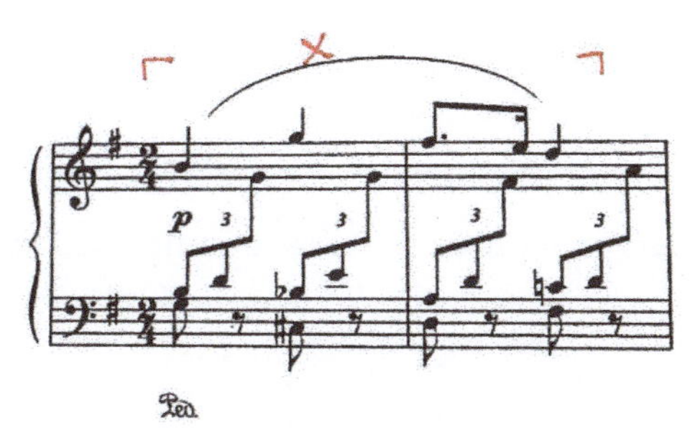

Exemplo 3. Schumann. Von fremden Ländern und Menschen, c. 1,2. Ponto culminante harmônico. (Fukuda, 2002, p.34)

No Exemplo 4, a força da gravitação métrica do evento é dirigida ao tempo 1 do compasso 2.

Exemplo 4. Schumann. Von fremden Ländern und Menschen, c. 1,2, ponto culminante rítmico-métrico. (Fukuda, 2002, p.35)

Em casos de ambiguidade de estruturação como nos exemplos acima, o intérprete deve optar por uma delas, não arbitrariamente, mas investigando qual seria para ele o ponto de maior expressividade. Embora prevaleça uma das forças, os demais parâmetros conservam a intensidade expressiva.

Uma vez analisadas as *Mikrozeitgestalten* a tarefa do intérprete seria a de integrá-las ao todo. Essa integração seria realizada, não apenas, ligando os detalhes uns com os outros seguindo horizontalmente a dinâmica interior que as liga. O intérprete deve sempre questionar sobre o detalhe dentro do impulso do todo. Para melhor compreensão das fusões das *Mikrozeitgestalten* os Autores utilizam a metáfora da onda musical, comparando a música ao movimento de inúmeras ondas do mar. No movimento de fluxo e refluxo, as pequenas ondas se integram sempre às ondas cada vez maiores sem, contudo, percebermos qualquer ruptura, e assim deveria ser na música nas fusões das pequenas unidades àsv sempre maiores, até formar o todo.

No Exemplo 5 apresenta-se a análise da integração das *Mikrozeitgestalten* nos 4 primeiros compassos do 1º Prelúdio do Cravo Bem Temperado, vol. I, de J.S.Bach.

Exemplo 5. J. S. Bach. 1º Prelúdio do Cravo Bem Temperado, vol. I, c.1-4. Integração das Mikrozeitgestalte

Na camada 1, indicada na cor vermelha, cada uma das figuras compostas por 8 semicolcheias forma a menor *Gestalt* com o seu ponto culminante melódico na 5ª semicolcheia. Temos assim duas *Mikrozeitgestalten* em cada compasso.

Na camada 2, na cor verde, estas duas *Mikrozeitgestalten* formam uma nova *Gestalt* com uma nova culminação comum a elas, ligando a cesura entre elas. A primeira metade do compasso representa uma fase de tensão seguida de sua fase de distensão. E dessa forma também, os compassos 2, 3 e 4.

Na camada 3, em azul, mais uma nova *Gestalt* é formada a partir da camada 2, com o ponto culminante harmônico no início do terceiro compasso, formando assim, os quatro compassos uma só unidade.

Essa ideia de construção da interpretação de uma obra musical partindo de uma *Mikrozeitgestalt* integrando-a a unidades cada vez maiores até formar o fluxo da obra como um todo, numa relação dialética, é a ideia central na metodologia de Uhde e Wieland.

Embora a metodologia tenha sido desenvolvida por pianistas, a ideia de *Zeitgestalt* pode ser aplicada também por demais instrumentistas, cantores, regentes e compositores.

Texto complementar à carta que me foi enviada em 05 de fevereiro de 2015
Semelhanças entre a metodologia de interpretação de Walter Bianchi e de Uhde e Wieland

Margarida Tamaki Fukuda

1. A busca de equilíbrio entre teoria e prática.

> *Como comenta Lima: "a metodologia do Bianchi leva o intérprete a estabelecer uma relação contínua entre o fazer e o pensar a música"* (Lima, 2005, p.46).

O livro *Denken und spielen (Pensar e tocar)* foi escrito por Uhde e Wieland visando discutir a interdependência entre a teoria e a prática musical.

Como escrevem os autores na capa do livro: "*O livro é a primeira tentativa ambiciosa de uma discussão sobre a interdependência entre a teoria e a prática da interpretação musical. A ideia de confrontar a prática musical ao instrumento, com uma discussão teórica, é o resultado de muitos anos de docência" (Uhde e Wieland, 1988).*

2. A interação da liberdade criativa do intérprete e fidelidade ao texto escrito:

> *[...]Bianchi vê que a interpretação musical não está nem no arbítrio do intérprete, muito menos nas informações gráficas da partitura. Ela é a conjugação desses dois universos que estão em constante fruição* (Lima, 2005, p.23).

Um comentário do musicólogo Alfred Mann sobre o livro *Denken und spielen*, no artigo publicado pela Music Library Association:

> *A metodologia de U/W apresenta ideias que auxiliam o intérprete no processo de criação, visando trazer para a realidade da Interpretação todos os aspectos que foram descobertos. Diferentemente de uma interpretação "ao gosto do intérprete" ou "ao acaso", o método possibilita que a Interpretação seja fundamentada no texto musical, partindo da intuição do intérprete* (in: Fukuda, 2009, p. 293).

3. [...] Bianchi incorporou em sua pedagogia... princípios que permitiram criar procedimentos interpretativos mais flexíveis e individualizados... que possibilitam uma participação mais integrada do intérprete na obra musical (Lima, 2005, p.92)

Independentemente da faixa etária ou nível de adiantamento do aluno, o método experimental de U/W leva-o a investigar, descobrir e compreender por si mesmo o processo interior de uma obra musical, experimentando e lidando com os impulsos e tensões nela contidos e libertando-os do texto musical. Nesse processo de compreensão e busca de uma construção da sonoridade baseada na análise das Zeitgestalten, o aluno vai se aprofundando cada vez mais na obra musical e se identificando criativamente com ela, possibilitando uma relação prazerosa com a obra estudada (Fukuda, 2002, p. 226).

4. Interpretação – esquema aberto e não fechado:

> *O meu esquema interpretativo não é fechado. Ele é um esquema totalmente aberto. Eu interpreto de uma maneira, você pode interpretar de outra. Depende da sua sensibilidade. Nada em interpretação é errado ou certo, depende da emoção de cada intérprete* (Bianchi, apud Lima, 2005, p.98/99).

A metodologia experimental de análise proposta por Uhde e Wieland é móvel e não restritiva, não indica uma única possibilidade interpretativa e não fixa "verdades". Sendo ela móvel, abre um campo de possibilidades interpretativas que sempre terá laços com a liberdade de escolha e com a criatividade dos intérpretes (Fukuda, 2009, p.293).

5. Princípios gerais da metodologia: "é uma questão de sensibilidade. É a maneira como eu sinto aquele trecho ou aquela frase musical" (Bianchi, in Lima, 2005, p.106).

A metodologia de U/W tem como ponto de partida a **intuição.** As fases temporais de tensão, culminação, distensão, são investigadas pelo aluno "sentindo" os impulsos. Onde a música respira? Onde começa e termina uma frase? Onde eu sinto o ponto culminante? E para isso, um modo natural de sentir e descobrir a música seria cantar a melodia, escutando a sua própria voz.

6. A interpretação musical é um progresso contínuo, uma evolução (Bianchi, in Lima, 2005, p.110).

A metodologia de Uhde e Wieland auxilia o intérprete a ter um ideal de imaginação sonora levando-o a um esforço contínuo para se aproximar deste ideal, que aliás, pode se modificar com o tempo. Nesse sentido, a ideia de "estar sempre a caminho", considerada essencial na concepção do tempo musical pelos autores pode ser aplicada no dia a dia de um intérprete no decorrer de toda a sua vida (Fukuda, 2002, p. 227).

7. Para Bianchi a interpretação é um processo cósmico: "Para mim, tudo que existe no universo é energia. O som é um fenômeno físico e, portanto, também é energia. Eu vou até o ponto de explicar as vibrações das sete cores do arco-íris" (Bianchi, in Lima, 2005, p.99).

Uhde e Wieland utiliza a palavra energia sob outro contexto, diferente daquela expressa por W. Bianchi. Segundo U/W o verdadeiramente expressivo na interpretação seria o agrupamento dos momentos dentro do processo musical e o seu inter-relacionamento, que sendo criados pelo intérprete através de sua escuta, exprimem ideias musicais autônomas - os motivos, as frases, etc. Essas relações organizadas com coerência constituem a força da unidade formal dinâmica, o ritmo. Por sua vez, o que constitui esse ritmo, que concentra uma *Gestalt* em um simples fluir sonoro, seria a diferença na intensidade, determinada pelas acentuações, fundadas pela dinâmica e agógica. O expressivo aí não seria a sucessão de um momento após outro, no decorrer do tempo, mas sim, a passagem de um para o outro. (Fukuda, 2002, p. 27).

8. ... Bianchi busca uma qualidade sonora diferenciada (in Lima, 2005, p.67): "De maneira similar à linguagem falada, vê a importância de se trabalhar as inflexões da frase musical para obter a correta execução da obra "(Lima, 2005, p.69).

Segundo U/W, cada som dentro de um processo musical possui sua vida individual, fluindo em cada um deles uma energia expressiva, sutilmente diferenciada. Construir sonoridades diferenciadas nas passagens de uma nota a outra para formar o arco temporal e em uma relação dialética entre o detalhe e o todo seria de fundamental importância para a interpretação.

9. Tendo estudado com Bianchi, Bernhard Fuchs relata que aprendeu a importância de se estabelecer a coerência em cada frase musical. Quando as frases musicais estão equilibradas, a interpretação torna-se mais coerente e as dificuldades técnicas desaparecem (Fuchs, p.19 e 33. In Lima, 2005, p. 35)

A meu ver, na metodologia de U/W, um motivo, uma frase musical, ou estruturas maiores, articuladas em forma de *Zeitgestalt* ajudam na solução de problemas técnicos. Como escrevem esses dois autores, nos estudos de técnica, na maioria das vezes com a estrutura extremamente fácil, pode ser estudado o equilíbrio sutil entre os processos de tensão e distensão, ao invés de se esquecer da respiração musical. Porque uma disposição equivocada da curva dinâmica e agógica, torna-se muito mais insuficiente do que uma nota errada ou uma desigualdade de toque (Uhde e Wieland, 1988, p. 489).

Partindo disso, uma dificuldade técnica deve ser abordada buscando antes a realização equilibrada das *Zeitgestalten,* que não trabalhando apenas o lado puramente mecânico, mas a direcionalidade do som, impulsiona o aperfeiçoamento técnico.

10. A inflexão correta do traçado melódico que busca os pontos de tensão e repouso da frase musical é de fundamental importância, uma vez que leva o ouvinte à melhor compreensão do texto executado (Lima, 2005, p.70).

Na minha opinião, a escuta do detalhe, ou da frase no processo musical, ou ainda, da obra como um todo, sendo percebida em forma de *ZG*, com as suas fases de tensão, ponto culminante e distensão, torna o discurso musical mais inteligível, vivaz, interessante, pois nos leva a escutar direções.

Respostas às questões formuladas por Sonia R. Albano de Lima, via e-mail.

1. Como U/W viam a frase musical?

Uhde e Wieland não definem a frase musical. Na minha opinião, é possível identificar a frase musical na metodologia dos autores, como um detalhe, ou seja, a menor ideia que forma um sentido completo, uma *Mikrozeitgestalt*, ou microforma temporal. A frase, dentro do processo interior de uma música, deve ser compreendida em seu duplo sentido: cada frase é por si um todo, e ao mesmo tempo apenas parte do todo, apenas um momento no processo do todo, que necessita de complementação. A frase forma um todo, contanto que forme uma unidade de sentido. Por sua vez, a condição para o sentido é a unidade interior de sua evolução temporal. Apenas o que o seu impulso interior desenvolve até a culminação, encontrando o seu próprio fim, preenchendo assim o arco do seu tempo, terá sentido.

2. Porque as frases são importantes no trabalho interpretativo desses autores.

Uhde e Wieland consideram de fundamental importância para o trabalho da interpretação a construção de uma relação dialética entre a micro e a macroestrutura, tendo como ponto de partida a análise da tensão interior da menor unidade de sentido e sua inter-relação com o todo. Desta forma, as frases, ou seja, as *Mikrozeitgestalten*, são integradas pelo intérprete a unidades cada vez maiores em forma de camadas, até formar o todo. É possível entender que isso justifique a importância das frases.

3. Você aponta em um determinado momento que existem 4 princípios que concorrem para determinarmos o ponto culminante de uma frase musical: o acento métrico-rítmico, o ponto culminante melódico, o ponto de tensão harmônica, os acentos ocorrentes. Como explicar essas informações de forma simples para que os estudantes possam aplicá-las? Você deu vários exemplos, eles são aplicações dessa teoria? Para citar alguns deles preciso entender a relação que você estabeleceu entre um e outro.

Além desses 4 princípios que concorrem ao ponto culminante de uma *Zeitgestalt*, em uma música tonal, citados no livro *Denken und spielen*, Wieland acrescenta em seus últimos trabalhos um 5º princípio, o do ponto de maior densidade sonora.

O ponto culminante de uma frase ou microforma temporal deve ser investigado e descoberto intuitivamente pelo intérprete. Sempre ele deve se perguntar onde sente o ponto culminante. E a sua escolha terá como justificativa um dos 5 princípios citados acima. Por um lado, dois ou mais fatores podem coincidir no mesmo momento da música, fortalecendo a escolha de um ponto culminante. Por outro lado, em caso de ambiguidades na decisão de um ponto culminante, como ocorre nos exemplos 2, 3 e 4, a escolha de uma das alternativas não impede a manifestação das demais alternativas na interpretação musical.

4. Não entendi muito bem a relação que esses dois pesquisadores estabeleceram entre a agógica e a dinâmica. Poderia se estender um pouco mais nessa questão?

Segundo Uhde e Wieland, a dinâmica e a agógica estão ligadas uma a outra como dois aspectos de um único fenômeno (Fukuda, 2002, p. 36).

Dinâmica. Embora um tipo ideal de *Gestalt* fosse articulado com um *crescendo* até o ponto culminante para depois diminuir, este processo não evolui de modo uniforme, por estar os tempos forte e fraco do compasso condicionados ao desenvolvimento da dinâmica métrica (Fukuda, 2002, p. 39).

Agógica. As gradações agógicas conhecidas também como *tempo rubato* são realizadas por meio de *acelerandos* e *ritardandos*. Os *rubatos* podem surgir de modo evidente ou quase imperceptíveis.

O início de uma *Gestalt* necessita de mais tempo. A fase de tensão necessita de uma velocidade minimamente maior. A fase de culminação necessita de um alargamento mínimo do tempo. A fase de distensão, articulada com pequeno acelerando e em seguida um leve ritenuto para chegar ao ponto de repouso (Fukuda, 2002, p.37).

5. Você poderia se estender um pouco mais sobre a questão da temporalidade no método de U/W?

Sobre o aspecto temporal da metodologia, os autores se inspiraram na ideia de *temps-durée* (tempo vivenciado), do filósofo francês Bergson, que considera essencial compreender que o presente momento existe como consequência do passado e também como antecedente do futuro, ressaltando a importância, não do início e o fim do processo, mas da *passagem*.

A metodologia ajuda o intérprete a trabalhar a direcionalidade dos sons, investigando como um som “passa” para outro.

6. Em nossas reuniões você disse que Uhde havia proposto a interpretação de obras contemporâneas. Peço que me informe se ele tem alguma restrição com relação as obras antigas, já que o Prof. Bianchi não se considerava muito apto para seguir as regras propostas para a interpretação das obras antigas.

Uhde e Wieland não se ocuparam deste repertório. Porém, como você escreve em seu livro: " *a ideia do ponto culminante ou clímax vem da música modal*" (Lima, 2005, p. 70), ou ainda, como escreve Stravinsky em seu livro Poética musical: *"Toda música não é senão uma sucessão de impulsos que convergem para um ponto definido de repouso. Isso é tão verdadeiro para o canto gregoriano como para uma fuga de Bach, tão verdadeiro na música de Brahms como na de Debussy" (Stravinsky, 1996, p.41, in Fukuda, 2002, p.217),* acredita-se que a análise das *Zeitgestalten* proposta por Uhde e Wieland, investigando essa sucessão de impulsos no interior de um processo musical, seja aplicável à música antiga e também à música pós-tonal. Quanto à aplicabilidade desse método na música pós-tonal, foi esclarecedora a pesquisa realizada no curso de mestrado ao ter analisado as *Zeitgestalten* nas peças não tonais de A.Webern e Gilberto Mendes.

Referências bibliográficas:

BIANCHI, W. **Interpretação Musical baseada na Lei do Universo**. São Paulo: editor autor, 2003.

FUKUDA, M. **A ideia de Zeitgestalt como meio de expressão para a Interpretação Musical**. Dissertação (Mestrado em Comunicação e Semiótica) – Pontifícia Universidade Católica, SP. São Paulo, 2002.

LIMA, S. A. **Uma metodologia de Interpretação Musical.** São Paulo: Musa Editora, 2005.

UHDE, J. e WIELAND, **R. Denken und spielen: Studien zu einer Theorie der musikalischen Darstellung**. Kassel: Bärenreiter, 1988, 2. Aufl. 1989.

Transcrição das informações coletadas na aula do dia 1/9/1999 da pianista Maria Elisa Risarto.

F. Chopin – Noturnos.

1. Nas obras românticas, como fazer as repetições que seguem um modelo padrão?

Nos românticos todas as vezes que tivermos uma repetição de modelo, para evitar a monotonia, temos que fazer um pequeno *acellerando* e depois um pequeno *ritenuto,* seguido de *crescendo* e *diminuendo.* Todo *acellerando* tem um *crescendo* e todo *ritenuto* tem um *diminuendo.* É sempre assim. O primeiro motivo é a tempo, o segundo segue essa regra. Se o modelo for se repetindo exaustivamente cresça até a metade e depois decresça.

2. Como encaixar as notas de uma cadência com o baixo dado?

A Cadência é uma fantasia. Siga a regra anterior. Conte quantas notas têm a cadência para definir o meio onde você vai crescer e o meio onde você vai decrescer.[30]

3. Bianchi, eu estou perguntando o número de notas para o baixo. Como eu sei quantas notas da mão direita vou colocar na nota do baixo?

É o desenho que determina. Você tem que preparar a subida para o mais rápido. **Os intervalos maiores preparam as notas cromáticas e os intervalos mais curtos.** No cromático você acelera e antes você prepara este acelerando. No cromático você acelera sempre.

Em toda música romântica quando você tem um crescendo, automaticamente você tem também um acelerando embutido. Quando você diminui, automaticamente você tem o *ritenuto.* Nas peças românticas você não pode ter uma marcação rígida de compasso. A característica de uma peça romântica é o *acelerando* e o *ritenuto.* Não é uma coisa exagerada, mas ele existe sempre. Você não pode tocar uma obra romântica como se toca um obra clássica. Nos clássicos só os finais de movimento têm um *rallentando*, o resto é a tempo.

30 Vide exemplo da obra musical *Sonho de Amor de F. Liszt, c. 25.*

4. Bianchi, quando empregar o rallentando ou o ritenuto no romantismo?

Para mim, o *rallentando* é sempre empregado nos finais de movimento. No desenvolvimento de uma peça clássica você não usa o *rallentando* durante a execução, só o *ritenuto*. **Numa peça clássica, quando termina uma frase para começar outra, você deve fazer um pequeno *ritenuto* e depois seguir a tempo.** Na obra romântica isso fica horrível. Faça uma experiência, toque a tempo essa peça romântica. Veja como fica monótono.

5. Bianchi, qual a medida exata para se acelerar na obra romântica?

O primeiro compasso não tem acelerando nenhum. É como você esticar um pedaço de elástico. O 1 é o elástico, depois você começa a esticar, então acontece o 2,3,4. Depois, automaticamente você tem que voltar para o elástico, então, faça o inverso - 4, 3, 2, 1. Outra regra que precisa ser observada quando se executa uma obra romântica: Nunca o piano liso pode conter um *acellerando* ou *ritenuto*, senão vai faltar contraste com a frase anterior onde houve o *acellerando* e o *ritenutto*. Todos os *pianos lisos* são a tempo. Outra regra que deve ser seguida é que nos ornamentos românticos, sejam quais forem, você deve valorizar sempre a nota da melodia. Nela você vai dar uma certa relevância, uma parada breve para depois concluir o ornamento. Nesses casos eu preciso sentir a nota da melodia, senão fica um amontoado de notas desconexas. Eu tenho que parar um pouquinho na nota da melodia e depois tocar as demais notas.

6. Bianchi, você também faz isso nos clássicos?

Sim, é a história do bolo de chocolate. Onde está a melodia? Eu tenho que marcar a melodia, senão eu sinto a campainha. Não importa o tipo de ornamento, seja *bordadura, apoggiatura, grupeto*, qualquer um. Sempre é importante salientar a nota da melodia. **Você nunca pode sacrificar a melodia.**

– Isso parece simples, mas na hora de executar?!

Depois que você sabe como fazer, tudo fica uma brincadeira. É importante ter **uma medida para fazer as coisas.** Por exemplo, um *rubato* não pode ser exagerado. **Existe uma medida para tudo.** O que vem depois tem que estar relacionado com o que veio anteriormente. Existe uma lei de equivalência entre as coisas. É preciso ter uma certa sutileza. Passou do ponto o negócio zanga. É como uma gota de água que depois que encheu o copo derrama tudo. Porisso, não existe uma regra fixa. Você também tem que ver qual é o espírito da obra. De acordo com ele, você faz um acelerando maior ou menor. Por exemplo, numa marcha fúnebre, o vibrato do violino tem que ser comedido, senão acorda o morto. O vibrato é vida... Tudo tem a sua medida. O vibrato também depende do espírito da obra. Você tem que saber até onde vibrar. Veja esse *trillo* soa como um vibrato. Ele começa retendo o tempo para depois acelerar e depois diminuir no *ritenuto.* Se a música fosse alegre esse *trillo* não poderia começar tão lento. Tudo tem uma proporção.

1ª. edição: julho de 2020
Impressão: Gráfica Forma Certa
Papel de miolo: offset 90g
Papel de capa: cartão supremo 250g
Tipografia: Garamond e Coronet